El aprendizaje de la lectoescritura desde una perspectiva constructivista. Vol. II

Actividades para realizar en el aula: lenguaje publicitario, periodístico, del cómic, popular, poético y de la correspondencia

Ascen Díez de Ulzurrun Pausas (coordinadora)

Dolors Argilaga Pellisé, Maria Teresa Arnabat Mata, Fina Colet Olivella, Núria Farrera Pinyol, Roser Forns Ràfols, Maria de la Riera Mas Cardete, Dolors Rovira Rovira, Victòria Sans Pujol, Montserrat Secall Cubells, Pilar Sellarès Colomer

GRAÓ

143

Serie Didáctica de la lengua y de la literatura
© Ascen Díez de Ulzurrun Pausas (coordinadora), Dolors Argilaga Pellisé,
Maria Teresa Arnabat Mata, Fina Colet Olivella, Núria Farrera Pinyol,
Roser Forns Ràfols, Maria de la Riera Mas Cardete, Dolors Rovira Rovira,
Victòria Sans Pujol, Montserrat Secall Cubells, Pilar Sellarès Colomer

© de esta edición: Editorial GRAÓ, de IRIF, S.L.
  C/ Francesc Tàrrega, 32-34. 08027 Barcelona
  www.grao.com

1.ª edición: enero 2000
7.ª reimpresión: marzo 2008
ISBN: 978-84-7827-220-4
D.L.: 16.020-2008

Traducción: M. del Mar Badia Colet
Ilustraciones: Fina Mallofré Curtó
Diseño de cubierta: Xavier Aguiló
Impresión: Imprimeix
Impreso en España

Queremos expresar nuestra más since-
ra gratitud a Montserrat Castelló, por sus
consejos en el marco teórico del libro, y a
Neus Roca, por ayudarnos a iniciarnos en
este proceso de construcción del aprendiza-
je de la lectoescritura.

Índice

Contenido del volumen I

Prólogo

Después de leer algunos trabajos escritos, igual que ante la actuación de determinados maestros y maestras, se produce una primera impresión que suele ser compleja, global, poco analítica, y sin embargo, algunas veces, resulta intuitivamente clara: es —o no— un buen trabajo, una buena labor; existe un trasfondo conceptual y actitudinal que se comparte.

Esta primera impresión todavía es muy poco comunicable. Es necesario realizar el análisis, el esfuerzo para explicarse y hacer nítidos los motivos de la impresión, hace falta elaborar la justificación que dé a la razón elementos suficientes para continuar creyendo en las intuiciones.

La primera impresión al leer el libro de este colectivo de profesoras, coordinado por Ascen Díez de Ulzurrun, a pesar de que conocía gran parte del trabajo que se expone en él, para mí ha sido contundente: es un trabajo útil, necesario, concluyente. En este caso, además, me es muy fácil encontrar las razones. Se trata de un ejemplo claro de apropiación, de interiorización, por parte de un grupo de profesoras, de un conjunto de principios psicopedagógicos que, por otro lado, son los principios impulsados por la reforma educativa. Construcción de conocimientos, atención a la diversidad, significatividad y funcionalidad de los aprendizajes. Grandes tópicos que, quizá con demasiada frecuencia, han sido el eje central de un discurso sobre enseñar y aprender poco cercano a la realidad de las aulas. Asimismo, grandes tópicos que estas profesoras han hecho suyos y han sabido traducir en actividades cotidianas —porque ya forman parte de su saber hacer— y al mismo tiempo llenas de sentido— porque se han diseñado con la intencionalidad clara de favorecer un tipo de aprendizaje.

También cabe destacar el profundo conocimiento del tipo de contenido específico que se quiere enseñar, de las exigencias cognitivas y de su relevancia en nuestro entorno sociocultural. Los principios que permiten la construcción de conocimientos están sistemáticamente reflejados en todas las propuestas que se realizan para el aprendizaje de la lectura y la escritura.

Por otro lado, creo que es particularmente interesante que el libro sea un paso más en el camino de formación de este colectivo. Un paso más al lado de los encuentros, los seminarios, los cursos, las programaciones, etc.

Son bastante numerosos los grupos de maestros y maestras que profundizan en su tarea educativa y que integran de manera original y pertinente las reflexiones sobre el tipo de aprendizaje que quieren promover con el análisis de su práctica. Lo que no es tan frecuente es que también se haga el esfuerzo de sistematización que supone recoger y poner por escrito este trabajo para comunicarlo y compartirlo.

Por estas razones, creo que el trabajo que se refleja en este libro es un claro exponente de la verdadera innovación educativa, la que llevan a cabo un grupo de profesoras, preocupadas por las exigencias diarias que su tarea les plantea, cuando, de manera coherente, sin fisuras, basándose en la reflexión sobre sus concepciones respecto a la enseñanza y al aprendizaje, son capaces de elaborar una propuesta completa que orienta y guía el aprendizaje de la lectoescritura.

Montserrat Castelló Badia
Doctora en psicología
Universitat Autònoma de Barcelona y Universitat Ramon Llull

Introducción

En la puesta en marcha de la reforma del sistema educativo se introduce, desde el punto de vista curricular, la idea de currículum abierto y, por lo tanto, de autonomía curricular de los equipos docentes y, desde el punto de vista psicopedagógico, se habla de la *concepción constructivista* referente a la enseñanza y al aprendizaje escolar. Es precisamente desde este enfoque que ubicamos nuestra línea de trabajo.

La escolarización actual, insertada en el marco de la reforma, da más importancia al proceso de aprender, a las actitudes y al modo cómo los alumnos y las alumnas construyen sus conocimientos, que no a la acumulación de conceptos, a menudo vacíos de significado.

Para hacer realidad el hecho de aprender a aprender es necesario una determinada intervención por parte del profesor o profesora. Es necesario trabajar teniendo claro que el grupo clase está integrado por un conjunto de personas con sus peculiaridades, valores, intereses..., entre los cuales se producen unos intercambios y unas relaciones que llevan a la educación de todos y cada uno de los miembros del grupo en todos y cada aspecto que nos configura como personas.

Desde esta perspectiva, educar en la diversidad implica crear una escuela para todo el mundo, adoptando un modelo de currículum lo suficiente amplio y reflexivo para facilitar el aprendizaje de todos los alumnos y las alumnas. Pensamos que hace falta basarse en un mismo diseño básico, lo suficiente flexible para adecuar las actuaciones educativas a todos los niños y niñas. De este modo, será necesario que se ofrezca la máxima atención dentro del aula ordinaria. Este proceso hacia la escuela comprensiva tendrá que integrarse en el marco unitario los diferentes ritmos, ejecución, intereses, autonomía...

El trabajo que presentamos responde a un estudio de la propia realidad y al intento para adecuarnos a las necesidades educativas presentes, inspirándonos en las diferentes teorías que integran el enfoque constructivista: Piaget, Vigotsky, Ausubel... Por otro lado, las investigaciones llevadas a cabo por Anna Teberosky, Emilia Ferreiro, Liliana Tolchinsky y otras, que también siguen un enfoque constructivista, nos han servido de base para replantearnos el aprendizaje de la lectoescritura.

La propuesta que presentamos es el resultado de siete años de intenso trabajo. El origen empieza cuando un grupo de profesionales de diferentes centros educativos nos reunimos para replantearnos el aprendizaje de la lectoescritura. Después de una formación amplia, tanto teórica como práctica, se intenta, haciendo una interpretación de muchas de las investigaciones realizadas, experimentar dentro del aula una nueva manera de concebir el aprendizaje de la lectoescritura.

Los cambios experimentados por parte del alumnado: mayor interés, motivación intrínseca, mejor participación y comunicación, más cooperación e interacción...; las múltiples posibilidades que permitía el enfoque: nuevas medidas organizativas, aprendizajes basados en los intereses del alumnado, por lo tanto motivadores, significativos, y las diferentes formas de proceder para llegar a una verdadera transferencia de control, nos animó a elaborar todo el material que recogemos en dos volúmenes.

El resultado es la recopilación de toda una práctica real, vivida con mucho entusiasmo, tanto por el alumnado, como por los diferentes profesionales que hemos colaborado para que se llevara a cabo.

Este trabajo pretende favorecer la construcción, por parte del alumnado, de los conocimientos lingüísticos que constituyen el currículum actual, que al mismo tiempo se plantea la atención a la diversidad dentro de la propia aula; por este motivo ofrecemos varias actividades de lengua, para el segundo ciclo de educación infantil y primer ciclo de primaria, secuenciadas por modalidades de texto, con el objetivo de que estas actividades sean lo bastante amplias y diversas para que todos los alumnos y las alumnas puedan participar en ellas. Pretenden ser funcionales, significativas, potenciando el trabajo cooperativo y facilitando al escolar que se sienta protagonista de su proceso de enseñanza—aprendizaje.

Las modalidades de texto que proponemos son, en el primer volumen: textos funcionales (nombre propio, nombre común y listas, notas, recetas y menús, fechas) y cuentos; y en el segundo volumen: lenguaje publicitario, lenguaje periodístico, lenguaje del cómic, lenguaje popular, lenguaje poético y correspondencia.

A pesar de la ubicación personal de la experiencia, la diversidad de profesionales y de centros, el libro permite poder dar herramientas de trabajo y sugerencias a un colectivo muy amplio. No pretendemos, en ningún momento, que las actividades se utilicen como un recetario, sino al contrario. Siempre deben basarse en la propia realidad y en las sugerencias de los niños y de las niñas. Todo lo que se pueda llevar a cabo debe tener sentido para el alumnado y tiene que ser muy próximo a sus vivencias.

Pretendemos que las diferentes propuestas que presentamos en cada modalidad puedan servir de modelo para que cada profesional las adapte a la propia realidad.

1

El aprendizaje de la lectoescritura

Leer y escribir, dos procesos muy relacionados

La lectura y la escritura son dos actividades complejas que, como todos sabemos, resultan altamente necesarias para acceder a los saberes organizados que forman parte de una cultura. A lo largo de estos últimos años se han realizado numerosas investigaciones sobre la naturaleza y las características de estas actividades.

En general, el enfoque que se desprende de la mayoría de investigaciones y que nosotras compartimos, tiende a considerar que tanto la lectura como la escritura son procesos interpretativos a través de los cuales se construyen significados; es decir, que leer y escribir son básicamente actividades con las que construimos y ampliamos nuestro conocimiento del mundo que nos rodea.

Debido a que las actividades complejas, exigen un proceso cognitivo de elaboración de hipótesis, de mantenimiento y resolución de inferencias, de idas y vueltas que hacen que sea muy difícil dividir estas actividades en procesos más pequeños sin que pierdan su sentido. Por otro lado, y de manera muy relacionada con lo que acabamos de decir, la lectoescritura tiene un carácter marcadamente social e interactivo, puesto que los intercambios comunicativos y los significados que se derivan de ellos siempre se originan y tienen sentido en un entorno social y cultural determinado.

Así, nos situamos en un modelo constructivista que considera la lectura y la escritura dos procesos muy relacionados, que, en situaciones educativas, tienen que abordarse de manera global para garantizar el significado. Al mismo tiempo, entendemos que el objetivo básico de la adquisición de la lectoescritura es favorecer y propiciar nuevos y más efectivos canales de comunicación entre los niños y su entorno social y cultural.

Estas consideraciones nos alejan de visiones más formalistas que consideran que la lectura y la escritura consisten en el dominio de un conjunto de símbolos que siempre se tienen que dividir en unidades más pequeñas para facilitar el aprendizaje y que, de hecho, hace falta conocer y dominar antes de poder utilizarlos para comunicarse o para interpretar el entorno cercano.

El modelo constructivista en el que nos situamos, que considera la lectoescritura como un proceso global de construcción e interpretación de significados en entornos culturales alfabetizados está ampliamente avalado en la actualidad por numerosas propuestas educativas (dos buenos ejemplos de lo que decimos los podéis encontrar en algunos de los monográficos de *Guix* dedicados a la lectura y la escritura, como el número 219, de enero de 1996, o el número 231, de enero de 1997), y también es el que orienta la propuesta curricular de la reforma educativa actual. En la base de este modelo se encuentran los trabajos pioneros de Ferreiro y Teberosky (1979), que ya hemos citado, y más recientemente los de Solé (1992) o Camps (1994) y Castelló (1997), entre otros.

El aprendizaje de la lectoescritura: uno de los principales retos educativos

El aprendizaje de la lectoescritura, como lo hemos caracterizado en el apartado anterior, es uno de los principales retos de la escuela.

Actualmente, existen varias metodologías que se utilizan para enseñar a leer y a escribir; no obstante, en la gran mayoría, como afirman Peso y Vilarrubias (1989), la transmisión de conocimientos va del enseñante hacia el alumnado, y el interés, la motivación, es de carácter extrínseco. Los niños y las niñas desarrollan más una actitud buena con la voluntad de gustar a los docentes, que no por el interés intrínseco que les despierta el hecho de descubrir el propio funcionamiento de la lengua. También es fácil observar que en la mayoría de los modelos que se utilizan, los errores tienden a evitarse.

Como hemos dicho, algunas investigaciones nos han hecho replantear el proceso de adquisición de la lectoescritura y afrontar el reto que supone integrar en un solo proyecto las relaciones existentes entre docente, alumnado y contenido.

Pensamos que la relación entre estos tres elementos tiene que basarse en la comunicación. Entendemos el aprendizaje de la lectoescritura como un proceso interactivo, en el que se considera el papel activo del niño y de la niña con capacidad de reflexionar y buscar el significado de las ideas y del pensamiento. Así pues, en el modelo de aprendizaje que presentamos resalta la capacidad y la necesidad del alumnado de pensar sobre lo que lee y escribe, y el trabajo de los profesionales y las profesionales docentes es facilitarles la comprensión de la realidad mediante la educación del pensamiento.

Para iniciarnos en este reto es básico empezar por sus conocimientos previos: ¿Qué saben los niños y las niñas sobre el lenguaje? Como han puesto de manifiesto las investigaciones de Ferreiro y Teberosky (1979) o Teberosky (1989), las alumnas y los alumnos llegan a la escuela con un amplio bagaje de conocimientos sobre la lengua y los hechos lingüísticos; así, por ejemplo, los niños, desde muy pequeños, ya tienen ideas sobre determinados conceptos lingüísticos antes de entrar en el colegio, a pesar de que no conocen los significados convencionales de estos conceptos. En estos trabajos queda patente cómo se construye sucesivamente el conocimiento sobre las palabras, las sílabas y las letras, muchas veces sin que se produzca una enseñanza explícita de estos aspectos y siempre vinculado al significado y al uso que los niños hacen en distintas situaciones comunicativas.

En la evolución del proceso de la lectoescritura nos encontramos, pues, con una serie de etapas que vale la pena conocer para saber dónde se encuentra cada escolar y así poder planificar basándonos en su nivel inicial de conocimientos, planteando actividades que permitan confrontar aquello que saben con el nuevo contenido. En el siguiente apartado hacemos una breve referencia a estas etapas y a las actividades que nos permiten inferir los diferentes niveles de conocimientos del alumnado basándonos en la propuesta de Teberosky (1989).

Análisis de los conocimientos del alumnado sobre el sistema alfabético

En síntesis, estos son los diferentes niveles de conocimientos que señala Teberosky (1989):

ESCRITURAS PRESILÁBICAS

- Dibujo: Escribir el nombre del objeto es el objeto mismo.
- Escrituras indiferenciadas: Igual serie de grafías, sea cual sea el enunciado que el niño propone escribir. Marcas gráficas que simulan la escritura (garabatos, letras inventadas, letras conocidas...).
- Escrituras diferenciadas: En objetos distintos, escrituras diferentes. No se escribe igual *tren* que *vaso*.
- Letras inventadas: ⋈ Δ Π ◊ ∂ ⊿ (PELOTA).
- Letras conocidas: IAOS (PELOTA).
- Letras del propio nombre con combinaciones diferentes: SONIA-IONAO (PELOTA).

ESCRITURAS SILÁBICAS

- Correspondencia de lo que suena como lo que se escribe. Una grafía para cada sílaba.
- Silábicas: E O P (PE LO TA).
- Silábicas vocálicas: E O A (PE LO TA).
- Silábicas consonantes: P L T (PE LO TA).

ESCRITURAS SILABICOALFABÉTICAS

- Más de una grafía para cada sílaba:
  PE L TA (PE LO TA).

ESCRITURAS ALFABÉTICAS

- Correspondencia entre el sonido y la grafía con valor sonoro convencional:
  PE LO TA (PE LO TA).

Para poder conocer el momento en que se encuentra cada niño, su evolución y poder adecuar los instrumentos de trabajo de las maestras y los maestros a las necesidades de su alumnado, aconsejamos pasar una prueba cada trimestre, que nos puede servir de evaluación inicial, formativa y sumativa. La prueba que sugerimos se basa en el análisis que han hecho Emilia Ferreiro y Anna Teberosky en distintos trabajos (ver, por ejemplo, Ferreiro y Teberosky, 1979, y Teberosky, 1989).

Es necesario no olvidar que la pauta que presentamos permite establecer el nivel de cada niño y de cada niña en el conocimiento del sistema alfabético y su relación con el oral.

La prueba es individual. Se da un papel y un lápiz a cada niño, se le dice que escriba su nombre y se le dictan unas palabras:

- Una de una sílaba (p. ej.: *sol*).
- Una de dos sílabas (p. ej.: *gato*).
- Una de tres sílabas (p. ej.: *manzana*).
- Una de cuatro sílabas (p. ej.: *elefante*).
- Una frase que tenga una de las palabras dictadas anteriormente (p. ej.: *el gato hace miau*).

A continuación le pedimos que nos lo lea acompañándose del dedo.

Una vez pasada la prueba, recogemos los resultados en una plantilla:

NIVELES NIÑOS	NIVEL PRESILÁBICO			SILÁBICO	SILÁBICO-ALFABÉTICO	ALFABÉTICO
	DIBUJO	INDIFER.	DIFERENC.			

(En los recuadros que hay debajo de cada nivel podemos poner la fecha.)

Cuando se ha realizado la diagnosis del alumnado en relación con su conocimiento del sistema alfabético y corroborando el hecho que no todos los niños y niñas se encuentran en el mismo momento, es importante tener siempre una actitud de respeto y adaptar el currículum de lengua para que cada alumno pueda avanzar desde donde se encuentre.

El aprendizaje de la lectoescritura en un entorno social

Nos basamos en la idea de que el aprendizaje de la lectoescritura es un proceso de construcción personal de conocimiento que, asimismo, no se puede realizar solo. En este proceso, la interacción, la ayuda, es muy relevante. Sin esta ayuda no habría aprendizaje, al menos como lo entendemos en el entorno escolar formal y respecto al conjunto de contenidos que integran el currículum de lengua.

Es un hecho bastante conocido que los niños y las niñas inician el aprendizaje de un nuevo contenido basándose en sus ideas y representaciones previas. La información que reciben la hacen suya, la apropian, basándose en sus propios esquemas de conocimientos. Así pues, según sus esquemas previos, construirán sus conocimientos de uno u otro modo. Por este motivo, damos mucha importancia al hecho de conocer qué saben los niños sobre leer y escribir y qué actividades de razonamiento hay detrás de sus conocimientos.

Evidentemente, los conocimientos previos que tienen los alumnos y las alumnas sobre el código y sobre la lengua son muy diferentes según las que hayan sido sus exigencias al respecto y su contacto con los diferentes conocimientos lingüísticos. Esto también requiere que la maestra y el maestro se planteen seriamente una enseñanza respetuosa con esta diversidad.

De esta forma, también en el área de lengua, como apuntaba Vigotsky (1979), el aprendizaje escolar nunca empieza desde cero, tiene una prehistoria que está definida por la interacción que el niño o la niña hayan vivido con el mundo físico y social que les rodea.

Es necesario, pues, conocer y respetar el momento en que se encuentran los niños para poder movernos a su lado acompañándoles en su proceso de construcción. Mediante la interacción el alumnado podrá construir significados. A pesar del papel importante de la persona docente como mediadora, no debemos olvidar que nuestro objetivo final es conseguir transferencia de control, de modo que el escolar, al final del proceso, pueda construir de forma autónoma los aprendizajes (Monereo, 1994).

Para ayudar al escolar en este proceso, pensamos que es interesante que, como maestros, consideremos los dos tipos de ayuda a los que hace referencia Onrubia (1995), y que facilitan la creación de zonas de desarrollo próximo. Por un lado, tenemos aquellas formas de ayuda llamadas *distales,* que no se establecen en la interacción directa, sino basándose en la forma como el enseñante estructura, selecciona los recursos a la altura del niño: organización, materiales...

La otra forma de ayuda sería la *proximal.* Se trata de aquellas ayudas que se hacen en la interacción directa: entre enseñante y escolar o entre escolar y escolar. Éstas se dan mediante el ofrecimiento de modelos, la retroalimentación, las directrices de acción, el planteamiento de preguntas...

Así, empezaremos por donde se encuentra el niño a la hora de leer y escribir e intentaremos ofrecerle los medios necesarios para ayudarle a avanzar. Esto supone intentar movernos siempre dentro de la zona de desarrollo próximo, sin olvidar lo que el niño y la niña pueden hacer por sí solos y lo que realizarán con la ayuda de otras personas.

Cuadro 1

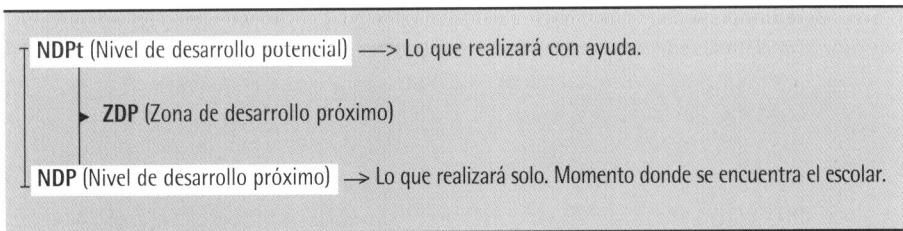

A lo largo de este trabajo intentamos concretar lo que queremos enseñar en cada modalidad y en cada nivel, a pesar de que, evidentemente, en último término, cada escuela es quien tiene que concretar sus contenidos y objetivos específicos según su realidad.

Nuestra última pretensión se centra en conseguir que las alumnas y los alumnos desarrollen actitudes positivas y estrategias que primero les motiven y luego les permitan leer y escribir de forma ajustada a las exigencias de las diferentes situaciones comunicativas en las que se encuentren.

También hacemos énfasis en cómo enseñamos, apartado que desarrollamos a continuación y en el que ofrecemos una serie de recomendaciones metodológicas, para suscitar la motivación intrínseca del alumnado y para que éste encuentre sentido y necesidad de leer y escribir. A pesar de que cada niño tiene distintas posibilidades e intereses, pensamos que mediante la interacción y la mediación todos los alumnos y alumnas pueden ampliar sus conocimientos.

Recomendaciones metodológicas para favorecer el aprendizaje de la lectoescritura de todos los niños y niñas

En este apartado, hemos incluido recomendaciones generales que, evidentemente, se tendrán que adaptar a las características y particularidades de cada grupo clase. Teniendo esto en cuenta, creemos que las siguientes cuestiones son los aspectos clave que hace falta recordar para favorecer el aprendizaje de la lectoescritura:

- *Propiciar la participación del alumnado. Los niños deben sentirse protagonistas de su proceso de enseñanza-aprendizaje.* El alumnado debe participar en la elección de determinadas actividades: selección de cuentos, proyecto que se quiere desarrollar, posibilidades que se pueden realizar en el rincón de lengua... No es bueno siempre darlo todo hecho, porque propiciamos actitudes pasivas. Cuando el niño y la niña colaboran en las decisiones que se toman, se sienten mucho más motivados para aprender.

- *Facilitar la opcionalidad de elección, la diversificación curricular y la ayuda pedagógica.* De las diferentes modalidades organizativas con las que contamos para conseguir esta opcionalidad y diversificación, otorgamos importancia a los rincones, porque muchas de las actividades de lengua que proponemos se adaptan a esta estructura. Al mismo tiempo, podemos asegurar que los rincones se adaptan a los principios psicopedagógicos en los que nos hemos situado.
Para dar autonomía a los niños y a las niñas sugerimos que en las actividades para los rincones se permita opcionalidad de elección en el trabajo. En cada espacio podemos ofrecer material muy diverso para que cada escolar piense qué puede hacer. Por ejemplo, los cuentos: pueden servir para mirar-

los, para escucharlos si van con casete y auriculares... Se pueden inventar cuentos con títeres, o se pueden componer palabras con diferentes tipos de letras (magnéticas, adhesivas, recortadas de revistas o de periódicos...). No todos los niños y niñas tienen que hacer lo mismo en el mismo momento.

El trabajo para los rincones facilita la transparencia por parte del enseñante, quién puede ir al rincón que crea más necesario, los otros pueden funcionar autónomamente.

- *Tener en cuenta los conocimientos previos de los niños y de las niñas. Empezar por dónde se encuentran.* Como hemos dicho antes, el proceso de aprendizaje de la lectoescritura por parte del niño empieza antes de entrar en la escuela. La presencia de la escritura es constante en el entorno físico y social que nos rodea (calle, familia...) y nuestro trabajo debe posibilitar un marco comunicativo donde el alumnado dé a conocer lo que sabe.

- *Negociar significados con ellos.*

- *Comunicar y consensuar los objetivos y los criterios de evaluación.*

- *Anticipar a los niños y a las niñas el tema que se trabajará.* Detrás de cualquier actividad de lengua que se lleva a cabo existe un objetivo. Es importante que el enseñante lo comunique y lo anticipe, por ejemplo, sobre qué asunto se escribirá y en qué aspectos se incidirá.

  Los niños y las niñas deben tener muy claro que siempre se les valora lo que hacen y no deben olvidar lo que se les pide, por este motivo es necesario tener muy claro el objetivo que se pretende en cada momento, y la consigna que se da al alumnado.

- *Tener en cuenta la motivación, los intereses del alumnado.*

- *Vigilar que el aprendizaje de la lectoescritura sea funcional, significativo.* Debemos intentar que las actividades de lectura y escritura sean lo más cercanas posibles a situaciones reales para que el niño y la niña encuentren sentido en lo que hacen.

- *Establecer relaciones constantes entre lo que el escolar sabe y el nuevo contenido (ZDP).* Atribuimos significado a un nuevo aprendizaje basándonos en lo que ya sabemos. Cuando no podemos relacionar el contenido de lengua que tenemos que aprender utilizamos la memorización, por esta razón es muy importante que las actividades de lectura y de escritura que planteamos al alumnado sean cercanas y posibiliten la interacción entre lo que saben, el nuevo contenido y la disponibilidad (actitud) del niño y de la niña.

- *Facilitar la interacción.* El intercambio de información entre los niños.

- *Plantear actividades de lectura y de escritura con sentido, facilitando la interacción, el trabajo cooperativo: actividades en gran grupo, en pequeño grupo, por parejas, individuales.*

- *Recoger las aportaciones de los alumnos y de las alumnas más desfavorecidos.* Es importante el diálogo que se establece entre los niños y entre ellos y el enseñante. Por otro lado, cuando se escribe en pequeño grupo, por ejemplo, generalmente el resultado de los textos que se realizan corresponde al nivel de los niños y de las niñas de niveles más altos.

- *Facilitar el intercambio de alumnos de una misma zona de desarrollo próximo.* A pesar de que cuando se distribuyen las mesas, los grupos, se tenga en cuenta el criterio de heterogeneidad, los niños y las niñas con más dificultades deberían tener las máximas posibilidades de interacción y de ayuda. Valoramos positivamente la existencia de espacios de intercambio entre los niños de una misma zona de desarrollo próximo. Por este motivo será necesario planificar la realización de alguna actividad de lectura y escritura juntando los niños y las niñas por niveles de maduración, de manera homogénea, según los conocimientos que tengamos respecto a la lectoescritura.
  Para poder organizar el aula, a la hora de lengua, de forma comprensiva, favoreciendo el aprendizaje significativo y potenciando interacciones adecuadas, nos puede ayudar a considerar los factores de diversidad psicopedagógica propuestos por Monereo (1990) y experimentados por Castelló (1991). Un ejemplo de cómo se puede realizar un análisis de los grupos se puede encontrar en el artículo de Castelló en la revista *Guix* (1991).

- *Propiciar la participación del alumnado en la evaluación.*

- *Evaluar a cada escolar teniendo en cuenta sus esfuerzos.*

- *Crear espacios de síntesis.* Es necesario ayudar a que los alumnos y las alumnas vean su progreso. Es bueno que comparen sus primeros trabajos de escritura con los últimos y vean los cambios.
  Teniendo en cuenta que la enseñanza, el aprendizaje y la evaluación son tres procesos entrelazados, pensamos que merece la pena buscar espacios interactivos para revisar y reflexionar sobre el desarrollo, el proceso implicado en la resolución de las actividades de la lengua que se realicen.
  Una propuesta que consideramos interesante en este sentido es lo que nosotras llamamos *corro*. Se realiza después de una actividad de lectoescritura, y consiste en organizar un encuentro conjunto con todos los alumnos y las alumnas para revisar cómo ha ido la sesión, la actividad. Es interesante escuchar las intervenciones y las propuestas de los niños y de las niñas, son ellos los primeros que exigen a los otros algunas mejoras. Esta actividad es un instrumento útil que, mediante la interacción social que se desarrolla, facilita la regulación continua de los aprendizajes.

Otro instrumento que queremos comentar es la *observación*. Pensamos que el papel de observador del enseñante es importante, permite ver el nivel del escolar, las estrategias que utiliza, si sabe ayudar o no a los otros niños y niñas..., y al mismo tiempo permite a la persona adulta intervenir donde la necesiten más. Pero para que tenga lugar esta transparencia por parte del maestro o de la maestra, es necesario que haya una organización del aula que lo permita. Como hemos comentado en otros apartados, las actividades colectivas son interesantes: parejas, pequeño grupo, gran grupo, ya que éstas permiten realizar un trabajo cooperativo.

Otro aspecto que también queremos mencionar es el de la *corrección*. Es importante que ésta tenga lugar cuando el niño o la niña pregunta si lo hace bien, cómo se escribe una palabra determinada..., es decir, para que la corrección sea eficaz la respuesta tiene que ser inmediata y adecuada a cada escolar.

Las actividades de corrección colectivas son interesantes. Algunas se pueden realizar utilizando la pizarra. Por ejemplo, con la corrección de un texto, se elige un modelo de un nivel mediano del aula y se corrige hasta el nivel más alto de la clase (hasta que las alumnas y los alumnos no encuentren nada más para corregir). La corrección en grupo permite que se hagan evidentes y se puedan intercambiar las estrategias de las niñas y de los niños. Las que utilizan los más avanzados, las aprenden los otros. Ven que existe una forma de ir completando una primera información. En estos tipos de actividades es muy importante el saber hacer del enseñante. Daniel Cassany, en su libro *Reparar la escritura* (1993), nos ofrece ideas muy interesantes sobre la corrección de textos que debemos tener en cuenta.

- *Interpretar continuamente lo que hacen.*

- *Aprovechar los errores.* Ofrecer modelos. Las distintas respuestas de las alumnas y de los alumnos, como señalan Peso y Vilarrubias (1989), no las tenemos que considerar errores, sino etapas aproximadas y progresivas que lleven a la formación del conocimiento.
  Recordamos que, ante las dudas, no se trata de dar directamente la respuesta, sino de poner al escolar en conflicto. Por ejemplo, se le puede pedir: «¿Tú qué pondrías?», «¿Por qué?», «¿Y aquí, qué pone?», «¿Cómo podemos saber si lo estamos haciendo bien?», «¿A quién lo podemos preguntar?»...

- *Favorecer la transferencia de control del enseñante hacia el escolar para facilitar su autonomía.*

- *Facilitar la opcionalidad de elección, la diversificación curricular y la ayuda pedagógica.*

- *Facilitar actividades de lengua suficientemente amplias para que todo el alumnado pueda participar en ellas.* Por ejemplo, todos los niños y niñas deben poder colaborar en la escritura de un texto.

- *Propiciar la autoestima.*

- *Favorecer el clima de clase.* Algunas herramientas que se pueden utilizar en este sentido las podéis encontrar en el libro de Díez de Ulzurrun; Masegosa (1996).

Objetivos

A continuación encontraréis los objetivos mínimos que es necesario conseguir por niveles y los objetivos específicos por niveles y modalidades. Estos objetivos quieren constituir una guía orientadora para la persona docente en el proceso didáctico sobre el aprendizaje de la lectoescritura.

No debemos olvidar que cada realidad y cada escolar son diferentes, por eso será necesario adaptarnos a la diversidad del alumnado que tengamos delante.

OBJETIVOS MÍNIMOS QUE DEBEN CONSEGUIRSE POR NIVELES
P3

. Escritura:
  - Diferenciada.
  - Escribir su nombre.
. Lectura: reconocer su nombre entre los otros y el de alguno de sus compañeros y compañeras.
. Grafía: mayúsculas.

P4

. Escritura: silábica con valor sonoro convencional.
. Lectura:
  - Reconocer su nombre y el de los compañeros y compañeras.
  - Reconocer el nombre de algún cuento, título, canciones, logotipos...
  - Reconocer los días de la semana trabajados.

P5

. Escritura:
  - Silabicoalfabética.
  - Escribir nombre y primer apellido.
. Lectura: descifrar palabras y/o el contenido sencillo de un texto.
. Grafía: introducción a la letra manuscrita.

PRIMARIA: PRIMERO

. Escritura:
  - Alfabética.
  - Construir frases.
. Lectura:
  - Adquirida.
. Ortografía:
  - Natural.
  - Separación de palabras.
  - Mayúsculas (al principio del texto, en su nombre y en el de los compañeros y compañeras).

- Puntuación: punto y final.
Presentación: nombre/fecha. Márgenes.
Grafía: letra manuscrita.

PRIMARIA: SEGUNDO

- Lectura y escritura:
  - Adquirida.
  - Construir un pequeño texto por escrito.
  - Copiar un texto corto correctamente.
  - Poner título.
  - Buena presentación en los trabajos.
- Gramática y ortografía:
  Mayúsculas:
  - Después de un punto.
  - En el título.
  - En los nombres topográficos.
  Puntuación:
  - Interrogante.
  - Admiración.
  - Guión en los diálogos.
  Grafías:
  - Palabras que contengan las sílabas: *za, zo, zu, ce, co, cu, que, qui*.
  - Palabras con: *ll* o *y, r* o *rr, mp* o *mb*.

OBJETIVOS ESPECÍFICOS POR NIVELES Y MODALIDADES

LENGUAJE PUBLICITARIO: LOGOTIPOS Y ANUNCIOS

P3	P4	P5
• Familiarizarse con los logotipos más usuales.	• Fomentar la lectura de los logotipos traídos por los niños: comparar nombres, clasificarlos...	• Interpretar logotipos conocidos y asociarlos con el objeto correspondiente. • Elaborar algún eslogan breve, basándose en los anuncios conocidos por el niño. • Prestar atención a las grafías que aparecen en los eslóganes y escribir nombres sin modelo.

LENGUAJE PUBLICITARIO: LOGOTIPOS Y ANUNCIOS	
PRIMARIA: PRIMERO	**PRIMARIA: SEGUNDO**
• Analizar y realizar nuevos logotipos, conjuntamente y con parejas, basándose en los logotipos que los niños y las niñas traen de casa. • Utilizar folletos de ofertas como recurso.	• Saber ser crítico frente a un anuncio: «¿Tenemos que comprar todo lo que se anuncia?». • Elaborar anuncios, en gran grupo, por parejas, en pequeño grupo y individualmente.

LENGUAJE PERIODÍSTICO: PERIÓDICO			
	P3	**P4**	**P5**
Notícias de actualidad social.	• Aproximar el periódico a los niños, haciéndoles ver que la profesora cada día lo hojea.	• La profesora, llevar el periódico en el aula. • Comentar alguna noticia social importante. • Hablar del periódico, familiarizarse. • Comentar noticias interesantes dentro del aula. • Contar noticias personales por parte de los niños. (La profesora la puede escribir, guardarla en una libreta de anillas y ponerla en el rincón de la biblioteca.)	• Llevar el periódico en el aula. • Familiarizarse con los titulares del periódico. • Hacer clasificaciones entre periódicos y revistas. • Contar noticias personales, escolares, sociales. • Comentar programas de la televisión.
Notícias de actualidad escolar.			
Notícias de actualidad personal.			

LENGUAJE PERIODÍSTICO: PERIÓDICO		
	PRIMARIA: PRIMERO	**PRIMARIA: SEGUNDO**
Notícias de actualidad social.	• Aproximar a los niños a descubrir la funcionalidad del periódico. • Mirar el periódico y empezar a comentar alguna noticia. • Ver que en el periódico hay muchos tipos de letras. • Entender el significado de la noticia (cosas que han pasado en casa, en el colegio, en el mundo). • Comentar noticias con una imagen delante. • Producir títulos que recojan la información general de una noticia.	• Aprender a clasificar textos que aparecen en el periódico: noticias, tiempo, entretenimientos... • Trabajar qué es un titular y qué nos cuenta. • Relacionar titular con noticia, sin apoyo visual. • Dar una noticia y escribir su título. • Trabajar dentro de las sesiones: tiempo, horóscopo, televisión, noticias. • Producir textos coherentes, con las características formales de una noticia.
Notícias de actualidad escolar.		
Notícias de actualidad personal.		

- Elaborar un mural con noticias personales, escolares y sociales. - Relacionar dos titulares con las fotos correspondientes. - Entender que el titular recoge información general de la noticia. - Reconocer las diferentes secciones del periódico. - Redactar, entre todos, alguna noticia: «¿Qué ha pasado?», «¿Quién?», «¿Dónde?», «¿Cuando?», «¿Por qué?». - Fijarse en algún apartado y trabajarlo: tiempo, horóscopo (pueden inventarse uno).	- Intentar compaginar una hoja. - Analizar qué comentarios hay en el periódico sobre libros (título, autor, opinión), películas, etc. - Trabajar aspectos gráficos. - Promover la redacción de un periódico (pensar en las secciones que podría tener, qué hará cada curso, etc.).

CÓMIC		
P3	**P4**	**P5**
- Realizar un primer contacto con el mundo del cómic.	- Mirar y comentar cómics sencillos, de una o dos viñetas, en los que haya, sobre todo, onomatopeyas.	- Mirar, leer y comentar cómics sencillos, de dos o tres viñetas. - Familiarizarse oral y colectivamente con los globos de diálogo y de pensamiento. - Reconocer oralmente las expresiones faciales siguientes: contento, triste y enfadado. - Reconocer oralmente acciones cotidianas, como: correr, comer, dormir, jugar, pintar, etc. - Rellenar los globos entre todos. - Identificar onomatopeyas de animales y de objetos cotidianos: teléfono, timbre, puerta, quebradizo, etc.

CÓMIC	
PRIMARIA: PRIMERO	**PRIMARIA: SEGUNDO**
- Mirar, leer y comentar cómics con poco texto: estructura, viñetas, indicadores, signos y onomatopeyas. - Reconocer expresiones faciales como: asustado, sorprendido, etc.	- Leer y comentar cómics. - Componer cómics con poco texto, de tres o cuatro viñetas. - Aumentar el nombre de viñetas, cuando se trabaje colectivamente y se trate de un cómic conocido.

- Reconocer otras acciones cotidianas de P5.
- Escribir las acciones encontradas.
- Componer un diálogo entre dos personajes, máximo cuatro viñetas.
- Identificar y reproducir onomatopeyas de animales y de objetos cotidianos.
- Reconocer el signo de interrogación y el de admiración.
- Reproducir el signo de interrogación.
- Diferenciar entre el globo de diálogo y el del pensamiento.
- Escribir diálogos sencillos en primera persona.

- Utilizar los siguientes signos de puntuación: ..., ¡!, ¿?
- Utilizar, colectivamente, frases inacabadas (por ejemplo: «Y un día...»).
- Ampliar la utilización del globo: gritos ,diálogo colectivo.
- Trabajar, oralmente, la combinación de narración y diálogo dentro del cómic.

LENGUAJE POPULAR			
	P3	**P4**	**P5**
Pareados	· Introducir pareados dichos por la maestra.	· Familiarizarse con los pareados dichos por la maestra. · Iniciar a los niños y a las niñas en la creación de pareados utilizando sus nombres.	· Familiarizarse con los pareados dichos por la maestra. · Iniciar a los niños y a las niñas en la creación de pareados utilizando temas trabajados en el aula.
Adivinanzas		· Introducir adivinanzas sencillas, oralmente y con ayuda.	· Trabajar las adivinanzas oralmente. · Empezar a inventar adivinanzas.
Dichos	· Memorizar un dicho del mes en que estamos.	· Memorizar un dicho del mes en que estamos.	· Memorizar un dicho del mes en que estamos.

LENGUAJE POPULAR		
	PRIMARIA: PRIMERO	**PRIMARIA: SEGUNDO**
Pareados	· Escribir pareados inventados.	· Escribir pareados inventados.
Adivinanzas	· Inventarse adivinanzas oralmente. · Escribir la respuesta de la adivinanza.	· Inventarse adivinanzas por escrito.
Dichos	· Memorizar dichos de los meses del año.	· Memorizar dichos de los meses del año.

LENGUAJE POÉTICO			
	P3	P4	P5
Poesías Canciones	. Memorizar poesías y canciones sencillas.	. Memorizar poemas y canciones sencillas. . Dictarle de sencillos a la maestra.	. Memorizar poemas y canciones sencillas. . Dictarle de sencillos a la maestra.

LENGUAJE POÉTICO		
	PRIMARIA: PRIMERO	PRIMARIA: SEGUNDO
Poesías Canciones	. Memorizar y reproducir poemas y canciones. . Comentar el contenido de la poesía.	. Inventarse poesías, colectivamente y por parejas.

CORRESPONDENCIA			
	P3	P4	P5
Carta		. Comentar, colectivamente, cartas que se envían o que se reciben (compañero/a, maestro/a, otros escolares, etc.).	. Escribir, entre todos, una carta y enviarla.

CORRESPONDENCIA		
	PRIMARIA: PRIMERO	PRIMARIA: SEGUNDO
Carta	. Comentar la estructura de una carta, basándonos en los modelos que los niños han traído de su casa: fecha, saludo, texto, despedida y firma. . Escribir cartas por parejas e individualmente, siguiendo un modelo dado (primero sólo trabajar una parte). . Reflexionar sobre por qué se escriben postales. . Comentar el formato y el contenido de la postal basándonos en los modelos que han traído los alumnos de su casa (fotos, comunicado y dirección).	. Clasificar cartas traídas por los niños y las niñas, según el contenido y el formato. . Escribir libremente una carta, siguiendo las partes trabajadas. . Trabajar la dirección y el remite del sobre. . Hacer que la carta adquiera un uso funcional.

| Postal | • Escribir, colectivamente y después individualmente, una postal fijándonos en su estructura:
- *Izquierda:* fecha, saludo, texto, despedida y firma.
- *Derecha:* nombre del destinatario y dirección. | • Clasificar postales que traigan los alumnos y las alumnas de su casa.
• Escribir individualmente una postal, fijándonos en la estructura trabajada (hablar de funcionalidad, por ejemplo: cuando se está de colonias, etc.). |

2

Modelos de actividades por modalidades de texto

Lenguaje publicitario: logotipos y anuncios

Los logotipos, junto con los anuncios, constituyen un material escrito muy interesante para los niños y las niñas más pequeños. Aparecen todo tipo de anuncios en la televisión, en las revistas, en los periódicos, por la calle, etc. Y, por lo tanto, están ante una serie de logotipos diferentes.

Normalmente estos productos son de consumo familiar, por esta razón el niño está acostumbrado a verlos y a consumirlos.

A estas edades los más importantes son los productos infantiles, como los juguetes; algunas marcas de coches; algunas marcas de gaseosas; logotipos de canales de televisión, y de otras casas comerciales de su entorno, grandes almacenes (El Corte Inglés...).

Cabe destacar que los logotipos tienen una característica propia que diferencia unos de otros, tanto en las marcas como en los productos. Tienen un nombre que les corresponde, que está escrito con el mismo tipo de letra y muchas veces también tienen un texto sencillo, el eslogan que los complementa.

Los eslóganes tienen una construcción pensada expresamente para ser memorizada con facilidad, tanto oralmente como visualmente, lo que hace que incidan de una forma o de otra en los niños y las niñas.

Los niños pueden reconocer el nombre de determinadas marcas sin saber leer, hasta son capaces de interpretar el eslogan que les acompaña, anticipándose, basándose en una imagen conocida determinada, al texto (marca o eslogan).

Asocian la forma global del cartel con el texto y reconocen la marca o el producto, por el factor de presencia y permanencia. Este factor ayuda a romper con el esquema escolar, escribir la fecha arriba, el título del texto subrayado y el texto debajo, porque el anuncio se distribuye de una forma distinta.

Tanto los logotipos como los anuncios nos sirven para hacer asociaciones de lenguaje y matemática, para realizar las experiencias, etc.

Desde párvulos cuatro años, intentaremos que los niños y las niñas hagan los primeros trabajos dentro del mundo de los logotipos de los productos, mediante las vivencias que ya tienen. Debemos tener claro que los niños ya han estado mucho en contacto con productos comercializados, que tienen logotipos, y que ellos ya conocen muchos sin ser muy conscientes de ello.

Las primeras actividades que se pueden realizar salen del propio interés, por ejemplo en los productos que ellos y ellas traen para desayunar, en las marcas de leche, las bebidas conocidas, etc. y con esto se puede empezar el trabajo concreto.

Primero se puede poner todo en común con el objetivo de que los niños y las niñas entiendan que cada producto tiene un nombre distinto, que las casas de los productos pintan o decoran para que sean fácilmente reconocidos por todos. También tenemos que conseguir que se den cuenta que ellos ya conocen muchos, aunque hasta este momento no se hayan percatado, porque son llamativos, chillones, fáciles de recordar o con formas curiosas, además, muchos los ven por la calle, en las revistas, etc.

A través del trabajo de los logotipos, los niños verán la necesidad de crear sus propios logotipos utilizando diferentes productos. Pero de momento esto lo dejaremos para más adelante.

Desde el primer ciclo de primaria se puede hacer un trabajo de análisis de lectura y escritura de anuncios, con la finalidad de mejorar su lenguaje y, a la vez, ver las intenciones del anunciante.

Debemos aprovechar los anuncios para que los niños y las niñas reflexionen sobre:

- ¿Todo lo que se anuncia es bueno?
- ¿Siempre dicen la verdad los anuncios?
- ¿Cómo dicen la verdad los anuncios?
- ¿Cómo dan los mensajes los anuncios?
- ¿Qué imágenes o fotografías utilizan los anuncios?
- ¿Nos obligan o nos incitan a comprar?
- ¿Qué hacemos con todos los folletos de propaganda que nos dejan en el buzón de casa?

Después de estas preguntas, tenemos que sacar conclusiones.

Es importante que traigan propaganda de todo tipo a la clase. Pueden mirarla, comentarla, hacer un mural, clasificarla, recortarla, tener cajas con propaganda diferente que se puede utilizar en varias áreas, etc.

Después de hablar de manera general sobre los anuncios y sacar conclusiones, sería interesante que en cada actividad que se hiciera en el primer ciclo de primaria sobre los anuncios, el niño adoptara una actitud crítica ante lo que le prometen; es importante que se fije en el tipo de letra, en los colores, en el formato, en las frases más utilizadas para que la gente compre, etc.

También tiene que servir para que las niñas y los niños sean conscientes de la cantidad de folletos que nos dejan en los buzones de casa.

El último paso sería hacer anuncios, donde cada niño recortará una imagen o un logotipo e inventará un texto de un anuncio y, si es posible, que lo publicará en la revista escolar o local con la finalidad de anunciar algún interés personal y/o colectivo: intercambio de cromos, una fiesta, etc.

Actividades para P3

P3 Etiquetas

Objetivo
Familiarizarse con los logotipos más usuales.

Descripción
Tener recortados algunos logotipos conocidos. Los repartiremos por las mesas y los niños intentarán adivinar de qué producto se trata y qué pone.

a) Consigna: ¿Sabéis qué son estos papeles? ¿Los conocéis? ¿Para qué sirven? ¿Tenéis en casa?

b) Agrupación: En gran grupo.

Material
Etiquetas recortadas.

Observaciones
La tarea que se realizará será básicamente oral. Poco a poco, el trabajo que se podrá realizar con los alumnos y alumnas se podrá complicar más.

P3 Nombre y etiquetas

Objetivo
Reconocer si hay alguna letra en el logotipo que también estén en su nombre.

Descripción
Se le da un logotipo conocido a cada niño y tienen que pintar las letras que también tenga su nombre. Tenemos que mirar que todos, en el logotipo, tengan alguna letra de su nombre. Si es necesario, pueden tener el cartoncito con su nombre delante.

a) Consigna: Pintad las letras que también estén en vuestro nombre.

b) Agrupación: Individual.

Material
Etiquetas de los productos conocidos, hojas, colores.

Observaciones
Primero, realizaremos unos cuantos modelos de esta actividad en la pizarra, de forma colectiva.

Actividades para P4

P4 Nombre y etiquetas[1]

Objetivo
Comparar las letras de su nombre con las de una etiqueta de un producto.

Descripción
Se presenta una etiqueta de un producto. Comparamos las letras que haya con las del nombre de algún niño o niña de la clase. Por ejemplo: DANONE - DAVID. Podemos coger alguna de las tarjetas con los nombres de los alumnos y alumnas al azar. Nos fijaremos si coincide la primera letra, qué letras son iguales, qué letras son diferentes, si el nombre del niño es largo o corto, si el logotipo es largo o corto, etc.

a) Consigna: Comparemos estos dos nombres. ¿En qué se parecen?

b) Agrupación: En gran grupo.

Material
Tarjetas con los nombres de los niños y de las niñas de la clase, etiquetas de algún producto que ellos y ellas conozcan.

Observaciones
Cuando se haya trabajado mucho esta actividad en gran grupo, puede intentar hacerse por parejas.

P4 Las marcas de los productos[2]

Objetivos
. Reconocer el nombre de determinadas marcas comerciales.
. Familiarizarse con el lenguaje de los anuncios: lenguaje persuasivo, sintético y fácil de memorizar.
. Saber escribir el nombre de un producto.

Descripción
Ponemos diferentes logotipos, previamente cortados, encima de la mesa. Entre todos escogemos un logotipo y pensamos un eslogan. Lo escribimos en la pizarra.

Pegamos el logotipo en una cartulina y escribimos el eslogan que hemos pensado entre todos.

Copiamos el logotipo y escribimos el eslogan en una hoja individual.

a) Consigna: Escogeremos una marca de un producto, lo pegaremos en una cartulina y debajo explicaremos qué es, cómo es o para qué sirve el producto.

Después lo copiaréis en una hoja para enseñarlo al padre y a la madre.

b) Agrupación: Por parejas, en pequeño grupo, en gran grupo.

Material

Diferentes logotipos de anuncios recortados, lápiz, cartulina, papel, pegamento.

Observaciones

Más adelante, cuando los niños y las niñas estén más acostumbrados a hacer eslóganes, se puede realizar la actividad por parejas.

P4 Fotos de los productos

Objetivo

Averiguar qué hay escrito en cada foto de productos muy conocidos: Fanta, Coca-Cola®, etc.

Descripción

Intentamos descubrir qué está escrito en cada foto. Se intenta encontrar alguna estrategia hasta que se descubre. Cuando sabemos de qué se trata, hacemos un dibujo y escribimos el nombre debajo.

a) Consigna: Recorta etiquetas y averigua qué hay escrito.

b) Agrupación: Por parejas, en pequeño grupo, en gran grupo.

Material

Hojas, material de escritura, etiquetas de revistas, de periódicos o papeles de propaganda.

Observaciones

Para empezar el trabajo lo haremos colectivamente y en otras sesiones se podrá realizar por parejas o en pequeño grupo, se dará un logotipo a cada mesa.

P4 El juego de las etiquetas

Objetivo

Reconocer el nombre de marcas de chocolate, caramelos, yogures, etc.

Descripción

Nos sentamos en el suelo haciendo un círculo. Cada niño o niña tiene una etiqueta de algún producto en la mano y empieza el juego: «Dónde está el ratón....». Un niño o una niña para y mientras los otros niños cantan la canción. Todos los que están sentados en círculo tienen la cara tapada con las manos, y el que para tiene que dejar la etiqueta detrás de algún compañero o compañera. Se sacan las manos de la cara y al que le ha tocado la etiqueta tiene de intentar leer lo que está escrito en ella. Puede pedir ayuda. Cuando lo ha averiguado persigue al niño o niña que paraba e intenta cogerlo, antes de que éste o ésta se siente en el sitio donde estaba el compañero o la compañera que lo persigue, para que sea él o ella quien pare de nuevo, en la siguiente ronda.

a) Consigna: Intenta averiguar qué está escrito en la etiqueta y coge el compañero o compañera que te la ha dejado detrás.
b) Agrupación: En gran grupo.

Material
Etiquetas con las marcas de productos conocidos.

Observaciones
Para empezar el juego se podrá hacer con sólo dos o tres etiquetas que pueden estar repartidas para que cada escolar tenga una (se pueden hacer fotocopias). Por ejemplo: cuatro de Danone, tres de Nestlé, etc. Poco a poco podemos ampliar el número de etiquetas.

Actividades para P5

P5 Zumo

Objetivo
Adivinar la marca de zumo que trae cada niño.

Descripción
Cada escolar tiene su etiqueta con la marca de un zumo. La maestra hace salir un niño en la pizarra. El niño enseña su etiqueta y escribe el nombre del producto en la pizarra. Los otros niños y niñas tienen que adivinar qué marca es, es decir, lo tienen que leer. El niño que lo acierte es quien sale a la pizarra a hacer el suyo.
a) Consigna: Sal a la pizarra y escribe el nombre de tu zumo de fruta. Los otros tenéis que adivinarlo.
b) Agrupación: Individual, en gran grupo.

Material
Etiquetas con marcas de zumo, tiza, pizarra.

Observaciones
Esta actividad puede continuar. Cada niño puede dibujar el zumo de fruta con la etiqueta con las letras que hay escritas. Esta propuesta también se puede hacer con otro producto.

P5 Productos comerciales cotidianos[3]

Objetivos
. Reconocer alguna grafía.

• Leer el nombre de las etiquetas tapando una parte de la palabra.

Descripción
Se enseñan algunos productos que han traído los niños y que ya han trabajado otras veces: zumos de fruta, Bollycao, Danone, Fontaneda, etc. Se tapan todas las letras y se pregunta a una niña o a un niño qué está escrito; más adelante sólo se taparán algunas letras y leerán el resto, con lo cual se verán obligados a leer.

a) Consigna: ¿Qué pone aquí? (se tapan todas las letras), ¿por qué? ¿Qué pone en estas letras? (sólo se tapa una parte), ¿por qué? ¿Y aquí? (sin tapar nada), ¿por qué?

b) Agrupación: Individual, en gran grupo.

Material
Productos de uso cotidianos.

Observaciones
Esta actividad primero se realizará con toda la clase.

Es muy importante que se haga reflexionar a los niños sobre por qué han dado aquella respuesta. Deben decir el porqué, ya que puede ser por casualidad, que lo hayan acertado por el dibujo o porque lo leen, etc.

P5 Etiquetas cambiadas[4]

Objetivo
Leer y ordenar palabras de productos conocidos.

Descripción
Daremos una etiqueta de una marca conocida a los niños, pero las letras de la palabra estarán cambiadas de posición. Leeremos lo que está escrito. Intentaremos descubrir qué tendría que poner. Cuando sabemos la palabra correcta, recordamos las letras (si alguien no lo ve, podrá recortarlo y después, sobre el papel, probarlo de nuevo) y a continuación las pegaremos.

a) Consigna: Mira esta etiqueta, ¿sabes qué pone? ¿Qué es esto? ¿Entonces, qué podría poner? Recorta las letras y pégalas ordenadamente en la hoja.

b) Agrupación: Individual, por parejas.

Material
Etiquetas con las letras cambiadas de orden, pegamento, tijeras, papel.

Observaciones
Primero se tiene que trabajar colectivamente. Podemos dejar que tengan un modelo delante, si es necesario.

P5 Lista de etiquetas

Objetivo
Escribir una lista de nombres de etiquetas de productos, con el modelo delante.

Descripción
Debemos traer etiquetas recortadas de casa porque nos servirán para realizar esta actividad: hacer una lista de los productos. Cada niño escribe, en la lista preparada por la maestra, el nombre del producto que ha traído. Primero intentaremos leerlo y después, escribirlo, mirando el modelo o sin mirarlo, según la etapa en que se encuentren.

a) Consigna: Busca dónde está escrito el nombre de la marca de tu producto, léelo y cópialo en la hoja de la lista.

b) Agrupación: Individual, en gran grupo.

Material
Etiquetas con los nombres de los productos, lista preparada por la maestra, podrá ser con doble entrada, dónde tendrán que escribir su nombre y el del producto, lápiz.

Observaciones
Primero se puede hacer esta actividad conjuntamente, para introducir el tema.

En caso de que haya uno que esté repetido, dejaremos que las niñas y los niños que lo vean decidan lo que quieren hacer.

Esta actividad nos puede servir para hacer gráficas y trabajar la estadística.

P5 Supermercado

Objetivo
Escribir el nombre o la marca debajo de cada etiqueta, independientemente del modelo.

Descripción
A cada niño le daremos, o escogerán, el producto con la etiqueta que lleva el nombre del producto. El escolar lo pegará en una hoja y después escribirá el nombre o la marca debajo. En este caso se tendrá que ver si lo copia, si lo lee primero y luego lo escribe, si escribe el nombre como quiere, etc.

a) Consigna: Pega esta etiqueta en la hoja. Debajo escribe el nombre o la marca.

b) Agrupación: Individual.

Material
Etiquetas de productos conocidos, hoja, lápiz y pegamento.

Observaciones
Esta actividad se puede llevar a cabo, más adelante, sin poder ver el nombre o

la marca del producto. Cuando hayan terminado la actividad, es importante que hagan un trabajo de reflexión, comparando lo que hay en el modelo con lo que ellos y ellas han escrito, qué procedimiento han seguido para reproducir en la hoja el nombre del producto, etc.

P5 Marcas o nombres compuestos

Objetivo
Completar las marcas o los nombres compuestos de diferentes productos conocidos.

Descripción
Escribir en la pizarra diferentes nombres o marcas de productos conocidos, que todos sean nombres compuestos. Escribiremos coca- -; cola- - ; etc. Los niños tendrán que decir qué falta por poner, qué letras les faltan. Para descubrir las letras que faltan, primero tendrán que leerlo (si no se acuerdan, quizá sabrán por memoria visual). La maestra escribirá lo que digan los niños y las niñas. Después lo podemos comprobar con las etiquetas para ver si lo hemos hecho igual o no.

a) Consigna: A estos nombres de productos les faltan letras, ¿qué letras son? Leedlos y decídmelo.

b) Agrupación: En gran grupo.

Material
Pizarra, tiza.

Observaciones
Esta actividad se puede hacer, más adelante, dando la etiqueta con el nombre del producto recortado y los niños tendrán que completarlo.

P5 Eslogan

Objetivo
Inventar un eslogan de algún producto conocido.

Descripción
Cada pareja elige un producto para hacer un anuncio (también se puede hacer con otras cosas: actividad, espectáculo, recital, fiesta, etc.). Pensamos cuál es el producto, si creen que es bueno o malo, etc. Entonces tendrán que intentar convencer a los otros niños y niñas para que lo compren o vayan al lugar que anuncian. Se podría hacer en una tele en la clase para que fuera más real y atractivo. También puede servir para poner en el periódico o en la revista de la escuela, si hay.

a) Consigna: Pensad un eslogan para este producto que tenéis.

b) Agrupación: Por parejas, en gran grupo.

Material
Productos cotidianos o programa de actividades, televisor.

Observaciones
Esta actividad primero se tendrá que trabajar conjuntamente porque al niño le cuesta un poco desarrollarla, a pesar de que conozca los anuncios.

También se puede pedir a las niñas y a los niños que digan un eslogan a la maestra, ella lo escribe en un papel, ellos lo copian y debajo hacen un dibujo. La actividad, la adaptaremos a la realidad del grupo de alumnos.

Actividades para el primer ciclo de primaria

1er C Escritura y lectura de logotipos[5]

Objetivo
Trabajar los eslóganes basándonos en los folletos de propaganda.

Descripción
Es necesario que los niños traigan folletos de propaganda de los supermercados, los recortarán y los clasificarán en tres bloques: frutas y verduras; carne y pescado, y víveres.

Cuando los hayan recortado, estén clasificados y los hayan puesto en tres cajas, se pasará a la lectura de los logotipos (Cola-cao, etc.) y jugaremos con ellos.

a) Consigna: ¿Qué está escrito en estos logotipos? Escoged algunos logotipos de los que habéis recortado y pegadlos en esta hoja donde está representado un carro de la compra. Pero antes tenéis que pensar: «¿Qué quiero comprar hoy en el supermercado? ¿por qué?». Debajo escribid todo lo que habéis comprado pero sin poner la marca (huevos, leche con chocolate, cereales, etc.).

a) Agrupación: Individual, por parejas, en gran grupo.

Material
Tijeras, hojas de propaganda de supermercados, cajas para guardarlos y clasificarlos, hoja ciclostilada del carro de la compra, lápiz, colores.

Observaciones
Esta actividad puede servir para iniciar el tema de los logotipos en este ciclo.

1er C Logotipos de deportes[6]

Objetivos
- Conocer los logotipos de los deportes.
- Describir el nombre del deporte que nos guste más.

Descripción

Para llevar a cabo esta actividad los niños tienen que traer libros y revistas de deportes.

Escribiremos en la pizarra todos los deportes que conocen los alumnos y las alumnas (hockey, tenis, fútbol, etc.).

Se comentará con el grupo de clase para que creen logotipos de deportes.

Tendremos los logotipos de los deportes más conocidos y cada niño elegirá el deporte que le guste más. A continuación, pegará en una hoja el logotipo del deporte que ha elegido, lo describirá y dirá qué se necesita para practicarlo.

a) Consigna: Elige el logotipo del deporte que te guste más, pégalo y explica cómo se juega y qué se necesita para practicarlo.

b) Agrupación: Individual, por parejas, en gran grupo.

Material

Libros, revistas o periódicos deportivos, hoja ciclostilada con logotipos de deportes (ver figura 1), lápiz, pizarra, papel, pegamento, tizas de colores, etc.

Observaciones

Es importante que los niños vean la necesidad de practicar un deporte.

Figura 1. Logotipos de deportes

1er.C Las anillas olímpicas[7]

Objetivos
- Ser conscientes de la simbología de los colores de las anillas olímpicas y de los continentes que representan.
- Fomentar la tolerancia entre las distintas etnias, culturas y religiones.

Descripción
Esta actividad se complementa con las actividades de los logotipos de deportes. La maestra dibujará la bandera de las anillas olímpicas en la pizarra. En grupos pequeños buscarán, en los libros de deportes o en los pósters, el color que corresponde a cada anilla y después la pintarán en la pizarra.

Se hablará sobre la simbología del color, enseñándoles que cada color corresponde a un continente determinado.

Posteriormente, se observarán los cinco continentes de la Tierra en la esfera terrestre.

La unión de las anillas se utilizará para destacar la unión de los continentes y se aprovechará la ocasión para hablar de la tolerancia y de las distintas etnias, culturas y religiones.

a) Consigna: Pinta las anillas olímpicas que representan los cinco continentes siguiendo las instrucciones de esta hoja ciclostilada.

b) Agrupación: Individual, en pequeño grupo, en gran grupo.

Material
Póster de la bandera olímpica, libros de deportes y/o fotos, pizarra, tizas de colores, hoja ciclostilada (ver figura 2), esfera terrestre.

Observaciones
Se subrayará oralmente la tolerancia entre las distintas etnias, culturas y religiones.

Figura 2. Las anillas olímpicas

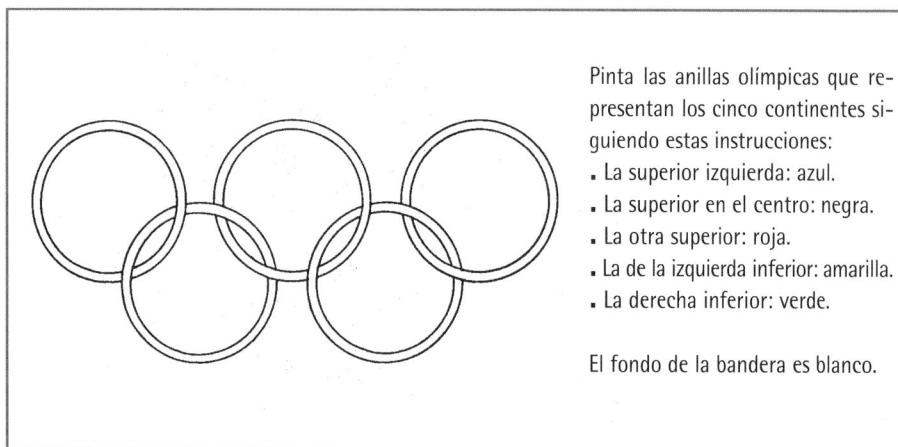

Pinta las anillas olímpicas que representan los cinco continentes siguiendo estas instrucciones:
- La superior izquierda: azul.
- La superior en el centro: negra.
- La otra superior: roja.
- La de la izquierda inferior: amarilla.
- La derecha inferior: verde.

El fondo de la bandera es blanco.

1er C Escritura de logotipos[8]

Objetivo
Poner a los niños frente a una situación de escritura de logotipos.

Descripción
A cada escolar se le dará una hoja ciclostilada con logotipos que se pueden encontrar en la vida cotidiana (enfermería, ducha, biblioteca, cafetería, etc.).

Antes de escribir en la hoja se hablará de los posibles logotipos que encontramos en diferentes lugares y la maestra los dibujará y escribirá en la pizarra.

a) Consigna: Escribe al lado de cada logotipo el nombre que le corresponde.

b) Agrupación: Individual, en gran grupo.

Material
Hoja ciclostilada (ver figura 3), lápiz, colores, tizas, pizarra.

Observaciones
Sería interesante que, unos días antes de introducir el tema, los alumnos y alumnas se fijaran en los diferentes logotipos que se encuentran en la calle.

Figura 3. Escritura de logotipos

Escribe al lado de cada logotipo el nombre que le corresponde: cocina, limpieza, cafetería, guardarropa, biblioteca, ducha, enfermería, gimnasio.

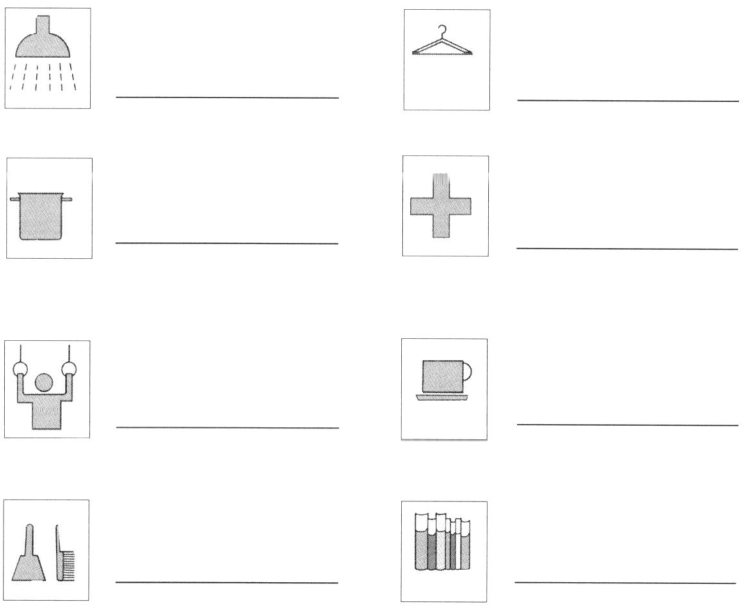

1er C Las señales de tráfico (peligro)[9]

Objetivo
Saber interpretar las señales de tráfico, en especial las de peligro.

Descripción
Primero se observará un libro basado en las normas de circulación y especialmente se comentarán las señales de peligro. Los niños tendrán que deducir que siempre están dentro de un triángulo. Posteriormente la maestra las dibujará en la pizarra y las niñas y los niños tendrán que deducir cuál es el peligro que representan estas señales que pueden encontrar por la calle.

a) Consigna: Pinta de color rojo los bordes de los triángulos y escribe al lado de cada señal qué representa: peatones, ciclistas, cruce, obras, desprendimiento de rocas, viento, niños y niñas, paso a nivel.

b) Agrupación: Individual, por parejas, en pequeño grupo, en gran grupo.

Material
Libro de normas de circulación, tizas de colores, pizarra, lápiz, colores, hoja ciclostilada (ver figura 4).

Observaciones
Tienen que ser conscientes de que estas señales de peligro se tienen que respetar.

Figura 4. Las señales de tráfico (peligro)

Pinta de color rojo los bordes de los triángulos y al lado de cada señal escribe lo que representa.

1er C Vamos a comprar

Objetivo
Saber para qué sirve cada producto y escribir su nombre.

Descripción
Hablar de las listas de la compra que se preparan antes de ir a comprar. Por parejas, escribir una lista de diferentes productos de comida, de limpieza, de bebida, etc.

Buscar estos productos en las hojas de propaganda, recortarlos y pegarlos en una hoja donde haya dibujado un carro de la compra.

a) Consigna: Escribe una lista para ir a comprar. Busca estos productos en las hojas de propaganda. Pégalos en el carro.

b) Agrupación: Por parejas.

Material
Tijeras, folletos de propaganda de supermercados, cajas para guardarlos y clasificarlos, hoja ciclostilada del carro de la compra, lápiz, colores.

Observaciones
Esta actividad después se puede realizar individualmente.

1er C ¡Comprad, comprad![10]

Objetivos
- Trabajar la escritura y la lectura de anuncios.
- Ver las intenciones del anunciante.

Descripción
Los niños deben traer propaganda de todo tipo a clase. Después se mirará y se comentará.

La maestra copiará en la pizarra uno o dos eslóganes para trabajar las palabras, los tipos de letra, etc.

Entre todos pensaremos qué es lo que tenemos que escribir para intentar convencer a la gente para que compre aquel producto.

La maestra escribirá en la pizarra todas las ideas que surjan intentando que digan todos los aspectos relevantes.

Podemos hacer un anuncio grande para tenerlo en la clase para que nos sirva de modelo en otras ocasiones.

También se puede hacer una fotocopia de la propaganda y, por parejas, elegir la frase que les guste más lo que dice del producto que se anuncia y copiarla debajo de la fotografía.

a) Consigna: Observad la propaganda y decid qué es lo que se anuncia en ella. Escribid en esta hoja la frase que os ha gustado más. Después cada pareja lo leerá a sus compañeros y compañeras y lo comentaremos.

b) Agrupación: Individual, por parejas, en gran grupo.

Material

Folletos de propaganda, tiza, pizarra, papel de embalaje, rotuladores, pegamento, papeles, etc.

Observaciones

Esta actividad se puede llevar a cabo en dos sesiones. La propuesta se puede hacer al revés: primero se discute para qué queremos anunciar los productos y después se escriben las conclusiones en la pizarra.

`1er C` Crítica frente a los anuncios[11]

Objetivo

Despertar en los niños y las niñas el sentido crítico ante los anuncios.

Descripción

Recortaremos los anuncios y sus eslóganes de revistas y periódicos, elegiremos algunos y hablaremos con la clase:

- ¿Qué nos quieren explicar?
- ¿Cómo nos lo explican?
- ¿Qué pretenden?
- ¿Qué palabras utilizan?
- ¿Tenemos que comprar todo lo que se anuncia? ¿por qué?

Por parejas elegirán un anuncio que hayan recortado y pensarán si les gusta lo que anuncian o no y por qué lo comprarían o no. Después lo escribirán en una hoja y finalmente lo pondremos en común con el resto de la clase.

a) Consigna: Elegid un anuncio y escribid en una hoja si lo que se anuncia lo compraríais o no y el porqué.

b) Agrupación: Por parejas, en gran grupo.

Material

Revistas, periódicos, folletos de propaganda, tijeras, lápiz, hoja.

Observaciones

Es interesante ponerlo en común.

`1er C` Inventamos un anuncio

Objetivo

Inventarse un anuncio con el objeto dado.

Descripción

Los niños y las niñas traen de casa todo tipo de objetos (potes, juguetes, etc.) y los dejan dentro de una caja.

En grupos de dos o tres, tienen que coger un objeto, mirar cuáles son sus características (¿para qué sirve?, ¿a quién le puede gustar?, ¿cómo es?) y anunciarlo.

Realizarán un texto corto, el eslogan para darlo a conocer.

En una hoja, dibujarán el objeto y escribirán el eslogan.

a) Consigna: Haremos un anuncio. Elegiremos un objeto de la caja, lo dibujaremos y nos fijaremos mucho en sus características. Inventaremos un eslogan para darlo a conocer a todos y lo escribiremos debajo del dibujo.

b) Agrupación: Por parejas, en pequeño grupo.

Material

Potes, juguetes, caja, lápiz, hoja, goma, colores.

Observaciones

Estaría bien que después de hacer la actividad, cada grupo leyera su anuncio a toda la clase. Se puede hacer en el televisor de la clase, si lo hay.

Antes que las alumnas y los alumnos realicen solos esta actividad, sería mejor hacer un ejemplo entre todos en la pizarra.

1er C Anuncio para solicitar un albañil[12]

Objetivo

Saber elaborar un anuncio para solicitar los servicios de un albañil.

Descripción

Daremos periódicos y/o revistas y recortaremos anuncios de trabajo. Cuando se hayan recortado, los clasificaremos en dos grupos, «Se ofrece», «Se necesita», a nivel de toda la clase.

Todos los anuncios «Se necesita» los pegaremos en un mural y los leeremos para tener un modelo (lectura por parejas). A continuación elaboraremos un anuncio para solicitar un albañil.

a) Consigna: Imagínate que eres alcalde o alcaldesa de tu pueblo y necesitas un albañil. Invéntate un anuncio para que lo sepan todos los ciudadanos y ciudadanas.

b) Agrupación: Por parejas, en pequeño grupo, en gran grupo.

Material

Periódicos, revistas, tijeras, pegamento, papel de embalaje, hoja, lápiz, goma.

Observaciones

Después de realizar la actividad, cada pareja tendría que leer su anuncio al grupo clase.

Esta actividad se puede hacer para pedir: maestro/a, cocinero/a, barbero/a, peluquero/a, etc.

Podemos utilizar distintas sesiones para hacer las propuestas de trabajo que proponemos.

1ᵉʳC Clasificación de anuncios laborales («Se ofrece», «Se necesita»)[13]

Objetivo
Familiarizarse con la estructura semántica de los anuncios laborales.

Descripción
Recortar los anuncios relacionados con la oferta y la demanda de trabajo de revistas, periódicos, etc.

Cuando se hayan recortado, se clasifican en dos grupos: «Se ofrece» y «Se necesita». Se pegarán en un mural por orden de preferencia («¿De qué quieres trabajar?»).

a) Consigna: Recorta anuncios de trabajos de los periódicos que tienes delante y haz dos grupos: uno para los que piden una persona y otro en el que alguien se ofrece para hacer un trabajo. Quieres un trabajo para este verano. Busca en los diferentes anuncios los que más te interesen. Pégalos por orden de preferencia.

b) Agrupación: Por parejas, en gran grupo.

Material
Revistas, periódicos (páginas de anuncios), tijeras, pegamento, papel de embalaje, rotuladores.

Observaciones
Es importante ponerlo en común.

1ᵉʳC Anuncios de películas de dibujos animados

Objetivo
Inventarse un comunicado para anunciar una nueva película de dibujos animados.

Descripción
Mirar el apartado de películas en revistas y periódicos. Elegiremos algunas películas de dibujos animados y hablaremos con el grupo clase.

Observaremos el dibujo de la película que se anuncia, el título, el lugar donde se proyecta, la hora, el día, etc.

Las películas de dibujos animados (pocas) que más interesen se pondrán en un mural y se trabajarán, con el grupo clase, frases de reclamo.

a) Consigna: Coged el título de dibujos animados y haced un anuncio utilizando el modelo que os doy:

- No os perdáis la película *101 dálmatas.*

- Os la recomiendo.
- Va de perros.
- Cine Bogart.

b) Agrupación: Por parejas.

Material
Revistas, periódicos, revista local, rotuladores, papel de embalaje, hoja ciclostilada, goma, lápiz.

Observaciones
Es importante la utilización de frases para reclamar la atención del lector:
- ¡Os la recomiendo!
- ¡Os gustará!
- ¡Os esperamos!
- ¡Id, es muy divertida!

Esta actividad se puede hacer con personajes de actualidad, políticos, etc.

1er C Anuncios de interés personal[14]

Objetivo
Despertar la curiosidad de los niños de recurrir a un anuncio para pedir objetos de interés personal.

Descripción
Recortaremos anuncios del apartado «El lector anuncia» de revistas, periódicos y, sobre todo, de revistas locales.

Serán más interesantes los anuncios de «Busco...», «Me faltan...», «Tengo...», «Ofrezco....». También se hará más énfasis en las direcciones y los números de teléfono.

Después de recortar algunos anuncios, se comentarán con el grupo clase:
- ¿Qué anuncian los lectores?
- ¿Por qué ponemos un anuncio?
- ¿A quién va dirigido el anuncio?
- ¿Qué nos puede interesar del anuncio?
- Elegid el anuncio que os guste más.

Después elaborarán anuncios siguiendo el modelo.

a) Consigna: Escribe, siguiendo este modelo que te doy, anuncios parecidos con los datos que quieras:
- Busco una bicicleta de trial.
- Llamar al 93 892 14 57.
- Preguntar por José.

b) Agrupación: Por parejas, en gran grupo.

Material
Revistas, periódicos, revistas locales, pegamento, lápiz, hoja ciclostilada, tijeras.

Observaciones
Después de realizar la actividad, cada pareja podría leer su anuncio al grupo clase.

1er C Colección de cromos (I) (setas, coches, insectos, etc.)

Objetivos
- Favorecer el interés por parte del alumnado de seguir la actividad hasta el final.
- Utilizar la enumeración.

Descripción
Llevar una muestra de colecciones de cromos y elegir una.

Cuando se haya elegido la colección deseada, escogeremos unos encargados y/o encargadas para tirar hacia adelante la colección (el cargo será semanal, pero todos los alumnos y alumnas pueden participar). El álbum de cromos estará en un rincón de la clase para facilitar la observación de:
- ¿Cuántos tenemos?
- ¿Cuántos nos faltan?
- ¿Qué nos enseña la colección?
- Etc.

a) Consigna: Los encargados y las encargadas tendrán que cuidarse de la colección de cromos y tendrán que comprometerse a completarla hasta el final.

b) Agrupación: En pequeño grupo.

Material
Sobres de cromos, álbum, pegamento, hoja con todos los números de la colección.

Observaciones
Esta actividad durará todo el curso, pero está pensada para formular un anuncio y pedir los cromos que faltan para terminar la colección.

Se tiene que buscar la mejor manera de conseguir los cromos. Los puede elaborar el maestro con fotocopias de una colección acabada, etc.

Hay casas comerciales (por ejemplo, Danone) que disponen de colecciones pasadas, y los alumnos pueden dirigirse a esta empresa para solicitarlas. Tendremos que pensar cómo las alumnas y los alumnos adquirirán los cromos que tenemos nosotros.

Es importante que los niños y las niñas reciban por carta los cromos que han solicitado.

Ver la siguiente actividad.

1er C Colección de cromos (II)

Objetivo
Saber hacer un anuncio para pedir los cromos que nos faltan.

Descripción
Sigue de la actividad anterior.

Cuando la colección esté prácticamente terminada y nos falten algunos cromos, tendremos que poner un anuncio a la revista local o escolar, por ejemplo, y esperaremos a recibir los cromos.

a) Consigna: Hacer un anuncio para pedir los cromos que nos faltan para terminar la colección.

b) Agrupación: Por parejas, en gran grupo.

Material
Álbum de cromos, hoja con los números de la colección, hoja, bolígrafo, carta, cromos para enviar al aula.

Observaciones
Esta actividad se realizará cuando prácticamente se haya terminado la colección. Despierta el interés del alumnado porque se publica lo que realmente les interesa. En una actividad totalmente funcional.

1er C Comidas para los animales domésticos[15]

Objetivo
Suscitar el sentido crítico de los anuncios mediante una comida para animales domésticos: gatos, perros, etc.

Descripción
Oralmente, trabajar los tipos de comidas que dan los niños y las niñas a los animales que tienen en casa. Debemos aprovechar la discusión que aparezca en clase para introducir el tema de los anuncios.

Se pueden formular preguntas como:
- ¿Todo lo que se anuncia es bueno?
- ¿Siempre dicen la verdad los anuncios?
- ¿Cómo dicen las cosas los anuncios?
- ¿Los anuncios, nos obligan o nos incitan a comprar?

Paso siguiente: las alumnas y los alumnos pueden traer revistas y mirar los anuncios que aparezcan. Para centrar el tema podemos fijarnos en los anuncios de comidas para animales domésticos.

Podemos recortar todos los anuncios y clasificarlos en función de los animales: anuncios para gatos, para pájaros, para tortugas, etc.

Se pueden leer algunos anuncios y comentar:

- ¿Qué nos quieren vender?
- ¿Cómo lo dicen?
- ¿Qué pretenden?

Debemos fijarnos en las frases que utiliza cada producto para vender: «Compre, compre...», «Lo más barato...», etc.

Después de todo el trabajo oral, pueden elegir una imagen trabajada y escribir un anuncio.

a) Consigna: ¿Tenéis animales en casa? ¿Qué comida les dais? ¿Miramos los anuncios sobre comidas para animales? Recortamos los anuncios y los clasificamos según los animales. Leemos los anuncios. ¿Qué os parecen? Recorta una imagen e invéntate un anuncio.

b) Agrupación: Individual, por parejas, en gran grupo.

Material
Revistas de comidas para animales, folletos, cajas o bolsas de comidas para animales, tijeras, pegamento, lápiz, hoja, etc.

Observaciones
Es importante realizar el trabajo oral. Se puede hacer con otros productos.

Lenguaje periodístico: periódico

Para poder trabajar esta modalidad de texto en la escuela, el periódico debería llegar cada día a clase.

En este punto nos centraremos en:

- noticias de actualidad social,
- noticias de actualidad escolar,
- noticias de actualidad personal.

Si los alumnos y las alumnas ven a la maestra que hojea y que lee el periódico, esto les permitirá que desde pequeños tengan un primer contacto y empiecen a sentir interés por las noticias, y así podrán conocer su función: informarse de lo que pasa.

Para poder tener cada día el periódico en clase, nos podemos poner en contacto con alguna redacción para gestionar cómo se puede conseguir.

Mientras en P3 nos quedaríamos con este primer contacto con la maestra que hojea el periódico, en P4 podemos ir un poco más lejos, hacer una presentación global para averiguar qué saben los niños y las niñas sobre la prensa escrita. Esta aproximación nos permitirá saber cuáles son los conocimientos previos y actuar en consecuencia. Según el nivel sociocultural de las familias, es posible que no conozcan su función comunicativa.

En las primeras sesiones podemos ofrecer periódicos a los niños y comentar los apartados de una forma general. Podemos ver qué forma tienen, observar los diferentes tipos de letras, los titulares, etc.

Más adelante podemos buscar un titular, acompañado de una fotografía, que interese al alumnado. Se puede comentar en gran grupo lo que se sabe de aquella noticia y después leerla. Creemos que es bueno leer y comentar alguna noticia, del mismo modo que se leen o se cuentan cuentos. Poco a poco, los niños y las niñas verán que hay diferentes tipos de noticias (deportivas, sociales, etc.)

También se pueden explicar noticias de hechos personales importantes por parte de los niños o que vinculen a toda la clase. La maestra o el maestro pueden escribirlas en una hoja, después las niñas y los niños pueden hacer un dibujo y guardarlas en una carpeta o libreta de anillas y ponerlas en el rincón de la biblioteca. La recopilación resultante permite que los niños puedan repasar las noticias trabajadas y recordarlas.

En P5 se pueden dar a conocer los diferentes apartados de un periódico: noticias cercanas, noticias lejanas, deportes, programación de la televisión, etc.

En este nivel podemos trabajar los titulares que encabezan una noticia, la forma que tienen, la función de dar a conocer de manera resumida el contenido de la noticia, el tipo de letra, ver que la letra del titular es de mayor tamaño que la del texto de la noticia, etc. También se pueden comentar las fotografías como imagen de referencia de la noticia que se da.

En P5 se puede empezar a redactar colectivamente un titular para una noticia elegida por todos, y también se puede hacer al revés: redactar la noticia basándonos en un titular elegido por el grupo clase.

Podemos motivar a los niños y a las niñas para que traigan noticias de interés que hayan visto en el periódico de casa y después comentarlas.

Cuando hayan trabajado bastante el periódico, se puede elaborar uno siguiendo un modelo. Se pueden escoger los apartados que se quieren trabajar y organizar el texto de las diferentes partes en grupo.

Dentro del lenguaje periodístico también se puede trabajar la revista; buscar las semejanzas y diferencias con el periódico; comentar el formato, los colores, el tipo de noticias, las fotografías, etc.

En el primer ciclo de primaria podemos intentar que el alumnado experimente más conscientemente la funcionalidad de los periódicos:

- ¿Para qué sirven?
- ¿Quién los escribe?
- ¿Qué nos explican?
- Es importante ver que existen diferentes tipos de letras, de forma y de tamaño.
- El alumnado también debe ver que hay diferentes secciones y que cada una contiene unas noticias determinadas.
- Que hay textos que no son noticias. Los periodistas opinan sobre un hecho determinado.
- Que nos explican los hechos que han sucedido.
- Que las noticias tienen un lenguaje concreto.
- Que es un medio de comunicación que nos informa sobre diferentes temas.

Se puede aprovechar para hacer una visita a la redacción de un periódico y hablar con algún periodista, que nos explicara su trabajo.

Aspectos generales que debemos considerar

- Si se confecciona un periódico en el ciclo o en la escuela, es interesante que salga una producción de cada niño.
- Si participa todo el ciclo o toda la escuela, cada curso podría encargarse de una sección distinta.
- En el aula tendría que haber un espacio dedicado al periódico, para poderlo leer, hojear...; un lugar donde se pudieran colgar las noticias que nos hayan parecido interesantes, o que las alumnas y los alumnos puedan traer de casa.
- En el espacio dedicado al periódico, podría haber una cartelera con tres apartados para pegar las noticias más interesantes: noticias de actualidad social, escolar y personal.
- Es importante disponer de tiempo para comentar las distintas secciones del periódico: cómo está distribuido, las letras, los titulares, etc.
- Debemos tener bastantes periódicos en el aula, y si un tema lo queremos trabajar con el grupo clase, hacer fotocopias.
- Primero, es importante trabajar todos estos aspectos a nivel oral.

- Si se distribuye un periódico, debe recordar que también lo leerán otras personas. Pensar en el nivel de corrección de los textos. (Se pueden corregir hasta el nivel más alto de clase.)
- Todo lo que tengamos escrito y colgado en el aula servirá de referencia, de modelo para consultar, cuando los niños y las niñas escriban.
- Aconsejamos que todo lo que produzcan los niños, lo lean, piensen de qué manera está escrito y lo puedan comentar con sus compañeros y compañeras. Debemos contemplar la autocorrección y la coevaluación.

Actividad para P3 y P4

P3 **P4** El periódico en clase

Objetivo
Familiarizarse con los periódicos.

Descripción
Pediremos a los alumnos y a las alumnas que traigan periódicos de casa y todos juntos comentaremos las noticias más cercanas a ellos (periódico local, comarcal, etc.).
a) Consigna: ¿Qué veis en estos periódicos?
b) Agrupación: En gran grupo.

Material
Periódicos.

Observaciones
Las noticias más interesantes las colgarán en la cartelera.

Actividades para P5

P5 Titular para una imagen

Objetivo
Interpretar una imagen.

Descripción
La maestra elegirá un tema interesante para el alumnado y dará, a cada pareja, una fotografía referente a aquel tema. Las niñas y los niños tendrán que pensar qué titular será el más adecuado.
a) Consigna: Mirad esta imagen, pensad qué título podríamos poner. Después lo escribiremos en la hoja.

b) Agrupación: Por parejas.

Material
Periódicos, papel, lápiz, fotocopia de una fotografía del periódico.

Observaciones
Esta actividad se puede ampliar dando diferentes fotografías a los grupos pequeños o a las parejas.

P5 Titular para un texto[16]

Objetivo
Interpretar el contenido de un texto.

Descripción
La maestra leerá una noticia del periódico y después, todos juntos, inventaremos un titular que se adecue al contenido de la noticia. A continuación, se escribirá en la pizarra y todos lo copiaremos en una hoja.

a) Consigna: Dictadme un titular para este texto y yo lo escribiré en la pizarra. Ahora lo copiaréis en una hoja.

b) Agrupación: Individual, en gran grupo.

Material
Noticias del periódico, material para escribir.

P5 Noticia de la clase[17]

Objetivo
Aproximar al alumnado al lenguaje periodístico y a la estructura de una noticia.

Descripción
Basándonos en una excursión, todos juntos escribiremos una noticia sobre este acontecimiento. Se remarcarán las partes que tiene una noticia: titular y texto.

a) Consigna: Todos juntos escribiremos una noticia sobre la excursión que hemos hecho.

b) Agrupación: En gran grupo.

Material
Fotografía de la salida.

Observaciones
Antes se tienen que haber leído muchas noticias del periódico.

Actividades para el primer ciclo de primaria

1er C Lectura del periódico

Objetivo
Familiarizarse con el periódico.

Descripción
Durante los diez primeros minutos de la mañana el escolar que quiera, individualmente o por parejas, puede hojear el periódico. El maestro también puede hacerlo. Cuando el maestro o maestra o el niño lee una noticia que considera interesante, la expone al grupo grande, indicando la página donde sale la noticia (si hay periódicos para todos).

Después, si se quiere, se puede recortar o fotocopiar la noticia y pegarla en la cartelera.

a) Consigna: Durante diez minutos el niño o la niña que quiera puede mirarse el periódico. Si alguien quiere comentar la noticia que ha leído, que levante la mano. Podéis ayudaros por parejas.

b) Agrupación: Individual, por parejas, en gran grupo.

Material
Tener el periódico cada día en el aula, disponer de un espacio en el aula donde esté colgada la cartelera de las noticias.

Observaciones
Para poder realizar esta actividad, sería mejor que en el aula hubiera muchos periódicos del día. Si no es posible, se tendrá que recurrir a las fotocopias.

Esta actividad se puede realizar en todo el primer ciclo de primaria.

1er C ¿Qué dice el titular?

Objetivo
Saber que el titular nos explica, con pocas palabras, el contenido de la noticia.

Descripción
Basándonos en un titular concreto, acompañado de una fotografía, se leerá y se comentará con todo el grupo clase, hasta descubrir de qué nos habla la noticia. Intentaremos conseguir que el alumnado, leyéndole el titular, pueda deducir la noticia.

a) Consigna: Leed este titular, ¿qué nos explica? ¿Cómo lo hace? ¿Utiliza una frase corta o larga? ¿Cómo está escrita?

b) Agrupación: Por parejas.

Material
Periódico, fotocopia de titulares.

Observaciones
El trabajo oral con todo el grupo clase es muy importante.
Esta actividad se puede variar dando la noticia y que ellas y ellos pongan el titular.

1er C Comentario de una noticia

Objetivo
Exponer por escrito, utilizando frases cortas, el contenido de una noticia comentada y trabajada en el grupo clase.

Descripción
Primero, un alumno, una alumna o el maestro lee una noticia elegida con anterioridad. Se comenta entre todos fijándonos en el titular, la situación de la noticia, la letra, la fotografía, si hay alguna.

Entre todos resumimos la noticia con frases cortas y escribimos el resumen en la pizarra, después los alumnos lo copian en una hoja.

a) Consigna: Escuchad con atención esta noticia (señalándola en el periódico). Como podéis ver, el titular dice... (hacerlo leer).

Tipos de preguntas que tienen que contestar los alumnos y las alumnas: ¿Dónde está situada? ¿La fotografía nos ayuda a conocer el significado de la noticia?, etc. Ahora leeremos... ¿Qué habéis entendido?

Ahora intentamos resumirla con frases cortas y escribiremos el resumen en la pizarra. Levantad la mano cuando queráis intervenir.

Después copiaremos el resumen en la hoja.

b) Agrupación: Individual, por parejas, en gran grupo.

Material
Periódico, hoja con la noticia fotocopiada, pizarra.

Observaciones
En otra ocasión, sólo nos fijaremos en la fotografía e intentaremos describirla. No debemos olvidar que los niños de estas edades necesitan muchos modelos, por esta razón, primero siempre trabajaremos con el grupo clase.

En segundo de primaria no será necesario escribir el resumen en la pizarra, cada pareja puede hacer su resumen y después ponerlo en común.

Si trabajamos con gran grupo y los alumnos y las alumnas escriben el resumen en la pizarra, se puede corregir entre todos, aprovecharemos para recordar pequeñas normas ortográficas.

1ᵉʳ C La noticia

Objetivo
Redactar las ideas principales de una noticia.

Descripción
A cada pareja le daremos una hoja con una noticia y la fotografía correspondiente (todas las parejas tendrán la misma). La comentaremos todos juntos. La maestra guiará, utilizando frases cortas, las ideas principales y las anotará en la pizarra para que sirvan para poder hacer el resumen. A continuación, se borrarán las frases de la pizarra y se intentará que lo hagan por escrito, por parejas. Después se comentará.

a) Consigna: Leed la noticia y mirad con atención la fotografía. Primero comentarla vosotros:

- ¿Dónde pasa?
- ¿Qué pasa?
- ¿Por qué pasa?
- Consecuencias...

Ahora, todos juntos, escribiremos en la pizarra las ideas principales, para hacer un resumen del contenido de la noticia.

Borraremos el resumen de la pizarra y, por parejas, intentad hacerlo vosotros solos por escrito.

b) Agrupación: Por parejas, en gran grupo.

Material
Fotocopia de la noticia con la fotografía.

Observaciones
Cuando trabajen por parejas la maestra puede pasar por las mesas para ayudar.

Cuando las alumnas y los alumnos hayan hecho el resumen por escrito, se pueden intercambiar los textos entre ellos para intentar mejorarlos, corrigiendo lo mínimo.

1ᵉʳ C Escribir una noticia

Objetivo
Elaborar una noticia basándonos en una fotografía o en un hecho importante.

Descripción
Después de trabajar el periódico, con las diferentes secciones, los titulares, los pies de foto y las noticias, creemos que el escolar ya conoce lo suficiente para comenzar a escribir noticias sobre un acontecimiento importante.

a) Consigna: Basándonos en este acontecimiento o/y en esta fotografía, escribid una noticia sin dejaros los puntos importantes: titular, dónde pasa, cuándo pasa, qué pasa, causas y consecuencias.

b) Agrupación: Por parejas.

Material
Fotografía de una noticia o el titular.

Observaciones
El escolar escribirá noticias si antes se ha trabajado mucho el periódico y su estructura. Primero, deben redactar muchas noticias todos juntos. Éstas servirán de modelo.

1er C Pie de foto

Objetivo
Entender el contenido del pie de foto.

Descripción
Comentaremos, con el grupo clase, que las noticias van acompañadas de fotografías y que debajo hay un comentario con letras pequeñas, que lo llamamos pie de página.

Daremos algunas fotografías recortadas (los niños y las niñas las pueden elegir según sus intereses), y también los pies de foto correspondientes. Ayudados por el comentario y la imagen, tienen que aparearlos.

a) Consigna: Aquí encima hay fotografías con sus pies de foto mezclados, tenéis que leerlos y buscar la fotografía que corresponda. Después lo pegaréis en una hoja.

b) Agrupación: Por parejas, en gran grupo.

Material
Fotografías con el pie de foto correspondiente, recortado por separado, hoja en blanco, pegamento.

Observaciones
Esta actividad puede utilizarse en los dos cursos del primer ciclo de primaria, pero tenemos que vigilar el nivel de exigencia cuando se realice.

En el primer nivel podemos poner solamente dos fotos por pareja, en segundo, podemos poner más.

Tenemos que seleccionar correctamente las fotografías; la relación tiene que ser clara.

1er C Programas conocidos

Objetivo
Conocer las distintas secciones del periódico. Sección de la televisión.

Descripción
Sabemos que en el periódico hay diferentes secciones y que cada sección informa de un aspecto concreto.

Nos centraremos en la programación televisiva. Comentaremos con el grupo clase qué información podemos sacar de esta sección, y se utiliza en casa.

Sería interesante disponer de suficientes periódicos para todos. Cada niño podría explicar cuál es el programa que le gusta más. Escribiremos el nombre en la pizarra y después lo buscaremos en la programación del periódico.

Tenemos que enseñar que en la programación pone la hora y el canal donde hacen el programa.

a) Consigna: Pensad cuál es el programa de la televisión que os gusta más, lo apuntaremos en la pizarra y después lo buscaremos en el periódico.

b) Agrupación: En gran grupo.

Material
Periódicos para todos.

Observaciones
Esta actividad nos ayudará a descubrir las secciones que tiene un periódico (programas televisivos, deportes, noticias del mundo, agenda, etc.).

1ºC El periódico de la escuela

Objetivo
Elaborar un periódico en la escuela con la colaboración de todos los niños y niñas.

Descripción
Después de trabajar el periódico y conocer las secciones que hay, de hablar de cómo está estructurado, cómo están escritas las noticias, etc., podemos comentar cómo podría ser el periódico de la escuela, las secciones que tendría que tener, cómo participaría cada niño, cuando tendría que salir, etc.

Lo escribiremos en una hoja, lo pondremos en común y tomaremos decisiones.

a) Consigna: Pensemos cuáles podrían ser las secciones que tendría el periódico de la escuela y por qué. Lo escribimos en una hoja. ¿Quién redactará cada sección?

b) Agrupación: En pequeño grupo, en gran grupo...

Material
Hoja de papel, lápiz.

Observaciones
Cuando se exponga en común, sería mejor que un niño o niña realizara el papel de secretario, que apuntara en la pizarra o en una hoja cuáles son las secciones que aparecen en el periódico escolar, después, colectivamente, ver las que realmente se pueden llevar a cabo.

Si se decide tirar adelante, colectivamente, se tendría que hablar de la manera de elaborarlo y de qué tarea o sección se ocuparía cada curso.

Para elaborar un periódico escolar, el profesorado se tiene que implicar bastante.

Cómic

La imagen es uno de los canales informativos más utilizados actualmente y el más efectivo en relación con la recepción de estímulos.

Desde la educación infantil, se presenta gran parte de las actividades escolares a través de la imagen.

En las aulas de P3 y P4 la intención es tomar un primer contacto con los cómics, con el objetivo de que los niños y las niñas se den cuenta de lo más significativo que tienen los cómics, es decir, que los personajes hablan y que lo que dicen está escrito dentro de los bocadillos.

Es probable que algunos niños ya los conozcan, incluso que a veces miren los dibujos. Podemos aprovechar para tener algún modelo sencillo en el aula en el rincón de los cuentos o de la biblioteca de la clase.

Cuando en P3 y P4 se realiza un trabajo más concreto de los cómics, sólo se hace con un par de viñetas, donde los pocos personajes que aparezcan únicamente expresen onomatopeyas muy sencillas.

A veces, los primeros libros de algunas colecciones para aprender a leer los podemos utilizar para empezar a introducirlos en esta modalidad de texto, y les motivará mucho ver que pueden empezar a leerlos.

Un aspecto que no debemos olvidar, y que a su vez es muy motivador, es crear alguna viñeta de cómic en que salgan ellos mismos fotocopiados como personajes. De este modo, se implican más en lo que sucede en la historia y entienden mejor para qué se ponen los bocadillos en la escritura de lo que quieren decir los personajes.

En P5 subrayaremos que los personajes pueden hablar, pensar, estar contentos o enfadados, riendo o llorando, tristes, asustados, sorprendidos, etc.

Podemos trabajar el hecho de que las historietas, secuenciadas, tienen una construcción diferente, que cada parte está dentro de una viñeta y que, a su vez, las viñetas están relacionadas entre sí, por este motivo no podemos mirarlas ni leerlas con el orden que queramos, sino que tenemos que seguir el orden establecido. La mayoría se leen de izquierda a derecha y de arriba a abajo.

También nos podemos fijar en los globos, que nos muestran una manera diferente de expresar lo que queremos decir; no escribimos dónde queremos sino que tenemos un espacio limitado para hacerlo.

Los dibujos de la televisión nos pueden ayudar a introducir el cómic de forma sencilla a estas edades. Estos dibujos los podemos conseguir en las programaciones de las revistas, de cromos, de las propias realizaciones, etc.

En el primer ciclo de primaria nos proponemos profundizar en la observación y, más tarde, en el uso de todos aquellos elementos a primera vista menos importantes, que consisten en dar, ampliar, matizar el mensaje escrito y visual.

Es evidente que la muestra de actividades se tendrá que aproximar a la realidad escolar de cada uno.

Los alumnos y las alumnas se van acostumbrando a interpretar muchos símbolos que aparecen en el material escolar: señalar, recortar, pintar, escribir, picar... y podemos aprovechar estos recursos para profundizar en la interpretación de la imagen. Otro recurso muy utilizado, como hemos dicho, serán las fotografías de los niños y las niñas, tanto personales como colectivas, porque forman parte de sus vivencias.

El primer paso en el trabajo sobre el cómic en el primer ciclo de primaria será familiarizarnos con él mediante la observación, la lectura colectiva, el comentario, etc.

Todas las actividades precedidas de un trabajo oral y colectivo que sitúa a los niños en el tema y anticipa lo que más tarde expresarán de forma escrita.

Al principio del primer ciclo de primaria todas las actividades escritas se pueden realizar después de haber observado muchos modelos. Modelos que pueden ser aportados por la maestra, el maestro, los compañeros y las compañeras de cursos anteriores, el material de la biblioteca... A medida que el alumnado haya ganado seguridad, estos modelos irán disminuyendo en frecuencia y en cantidad. Al principio básicamente nos basaremos en el diálogo entre dos, tres personajes. No debemos olvidar que a los niños y las niñas del primer ciclo de primaria les cuesta bastante expresarse por escrito en primera persona, por lo tanto, les ayudaremos con preguntas donde hagan falta respuestas, con frases que se tengan que completar, etc.

Cuando hablamos de cómic, la tendencia general es la de pensar en algunas colecciones populares («Astérix», «Tintín», «Mafalda», etc.), pero a estas edades, es interesante utilizar adaptaciones de cuentos tradicionales y populares conocidos por los niños y las niñas o también otros como *Los pitufos*, *Tom y Dick*, *etc.*

Cuando se acabe una actividad de escritura, se debe poner en común, como muestra de las diferentes posibilidades de expresión y de enriquecimiento.

Actividad para P3 y P4

P3 P4 Presentación

Objetivo
Introducir al alumnado en el cómic.

Descripción
Repartir una historia de dos viñetas donde haya algún globo. Trabajarlo a nivel oral. La maestra hará preguntas a los niños para que vayan descubriendo la utilidad de los globos en las viñetas.

a) Consigna: Mira con atención estas viñetas. ¿Qué pasa? ¿Qué dicen los personajes? ¿Dónde dice esto?

b) Agrupación: En gran grupo.

Material
Fotocopias de una situación de dos viñetas.

Observaciones
Más adelante, a nivel oral, se pueden introducir otros tipos de indicadores. Este trabajo puede servir para todo el parvulario, sólo se tendrán que añadir más viñetas.

Actividades para P5

P5 ¡Hola! Soy...

Objetivo
Presentarse uno mismo utilizando el lenguaje escrito y la imagen (ver que el lenguaje escrito sirve para comunicarse).

Descripción
La maestra pide a los niños y a las niñas que se dibujen en una hoja. Ella también se dibuja en la pizarra y les explica que puede hablar. Dibuja un globo de diálogo y dentro escribe: «¡Hola! Soy...». Entonces consigue que los niños se den cuenta de que también nos comunicamos con el lenguaje escrito. Después pide a cada escolar que haga un globo (si es necesario con la ayuda de la maestra) y que escriba lo mismo que ha hecho ella dentro del globo pero con su nombre.

a) Consigna: Dibújate en esta hoja. Copia el globo y lo que hay escrito dentro, después escribe tu nombre en la hoja.

b) Agrupación: Individual.

Material

Pizarra, tiza, lápiz, papel.

Observaciones

Esta actividad también se puede hacer primero en gran grupo.

Más adelante se puede realizar por parejas: cada niño se dibujará en una mitad de la hoja y después se presentarán con el globo de diálogo.

La misma actividad puede servir para P3 y P4, pero en vez de dibujarse ellos, pueden traer una fotografía de casa.

P5 Dibujos animados

Objetivos

- Ser conscientes de que los dibujos animados tienen un nombre y que este nombre se puede escribir.
- Escribir el nombre de los personajes.

Descripción

La maestra empieza una conversación sobre los dibujos animados que hacen en la tele. Los niños hablan de los que les gustan más y se propone dibujar uno. Cada niño dibujará el dibujo animado que le guste más. Después hará un globo y dentro escribirá: «¡Hola! Soy…». La maestra podrá ayudar a los niños, si lo necesitan.

a) Consigna: Dibuja tu personaje preferido de dibujos animados. Dibújale un globo y dentro escribe: «¡Hola! Soy…».

b) Agrupación: Individual.

Material

Papel, lápiz.

Observaciones

Esta actividad puede hacerse en gran grupo.

P5 Dibujos animados que hablan

Objetivo

Escribir un diálogo entre dos personajes.

Descripción

La maestra da a cada grupo dos personajes de dibujos animados o de cualquier otro cómic. Después, los niños los tendrán que pegar en la hoja, dibujar los globos y escribir lo que quieran dentro. En cualquier momento que las niñas y los niños pidan ayuda, se les facilitará.

Variante: Los niños pueden dibujar los personajes.

a) Consigna: A estos dos personajes les tenéis que dibujar un globo y escribir un diálogo entre ellos. Prestad atención, primero haremos un ejemplo entre todos en la pizarra.

b) Agrupación: En pequeño grupo.

Material
Papel, lápiz (colores), personajes de dibujos animados o de cualquier otro cómic.

Observaciones
Es importante que el trabajo previo se haga colectivamente. Éste servirá de modelo para que lo sigan los distintos grupos.

P5 ¿Qué piensa?

Objetivo
Conocer, escribir y diferenciar el globo del pensamiento.

Descripción
La maestra hace referencia al globo del pensamiento y enseña imágenes de cómics donde aparecen estos globos. Después diremos a los niños y a las niñas que escriban dentro de un globo qué debe estar pensando el personaje que se les da.

Figura 5. ¿Qué piensa?

a) Consigna: Mira este personaje, está pensando, ¿qué debe pensar, tú qué crees?, ¿piensa...?, ¿por qué no lo escribes?

b) Agrupación: Individual, por parejas, en gran grupo.

Material
Papel, lápiz, imagen con personaje recortado (ver figura 5), pegamento.

Observaciones
Esta actividad sería mejor realizarla primero en gran grupo para que los niños se vayan familiarizando.

P5 ¿Qué ha pasado aquí?

Objetivos
- Reconocer onomatopeyas en un cómic e identificarlas.
- Reconocer diferentes expresiones faciales.
- Reconocer diferentes acciones de la vida cotidiana.

Descripción
La maestra enseña un cómic a los niños donde no se habla ni se piensa, sólo se ven ruidos de cosas que pasan, la expresión de la cara del personaje y lo que hace. Tendrán que interpretar qué acción realiza, qué ruido representa y qué cara pone. Esta actividad primero se realizará a nivel oral. Después el alumnado puede representar con su cuerpo y su voz lo que les pasa a algunos personajes. También se pueden dar imágenes donde pasen diferentes acciones cotidianas y donde se vean representadas algunas onomatopeyas. Por ejemplo: una niña juega con una pelota y rompe un jarrón. Se observa la onomatopeya del ruido al romperse el jarrón y la expresión de la niña a quien se le ha roto el jarrón cuando jugaba con la pelota.

a) Consigna: mirad esta imagen, ¿qué ha pasado? ¿Qué hace la niña? ¿Qué cara pone la niña?

b) Agrupación: En gran grupo.

Material
Imágenes de cómics donde se vean acciones, onomatopeyas de ruidos y expresiones.

Observaciones
Más adelante se puede realizar esta actividad con una imagen dada al niño, en la que a través de lo que sucede y de la expresión de la cara del personaje, pondrá la onomatopeya adecuada a la acción que se lleva a cabo.

P5 ¿Quién hace este ruido?

Objetivo
Reconocer las onomatopeyas con los objetos o los personajes correspondientes.

Descripción
A cada pareja se le da una hoja con viñetas con diferentes dibujos. Cada imagen corresponde a un objeto o a un personaje que hace un ruido determinado. También se dan varias onomatopeyas que se tendrán que recortar y pegar en la viñeta que corresponda.

a) Consigna: Mirad, ¿sabéis qué dice aquí? Leámoslo. Ahora tenemos que buscar quién hace este ruido y lo pegaremos en la viñeta.

b) Agrupación: Por parejas.

Material
Dibujos y onomatopeyas (ver figura 6), tijeras, pegamento, etc.

Observaciones

Podemos dar los objetos y los niños y las niñas que escriban las onomatopeyas correspondientes, pero esto lo haremos después de haberlo trabajado bastante y que se hayan familiarizado con muchos modelos. También se pueden intentar incluir algunas onomatopeyas en pequeñas historietas elegidas para esta finalidad, o utilizar diálogos de personajes conocidos (cuentos tradicionales, leyenda, canciones...).

Esta actividad también permite trabajar las clasificaciones.

Figura 6. ¿Quién hace este ruido?

¡POM, POM!	¡TIC, TAC!	¡RIIIIIING!
¡MEC, MEC!	¡NING, NING!	¡MIAU, MIAU!

P5 ¿Qué, hacemos un cómic?

Objetivo
Intentar realizar un cómic, entre toda la clase, con tres o cuatro viñetas.

Descripción
La maestra sugiere a los niños hacer un cómic. Cada escolar propone una idea de lo que podrá ser la historia. Se hace una recopilación y se llega a un consenso. Cuando se ha decidido el tema, se piensa en los personajes y nos ponemos de acuerdo sobre qué dirán, qué pensarán, qué ocurrirá, etc. Las diferentes ideas se escribirán en la pizarra. Es necesario pensar bien los pasos que seguiremos: pensar la historia, dibujar los personajes, escribir dentro de los globos...

Cuando hayamos terminado, por grupos, pueden representarlo en el papel.

a) Consigna: Entre todos elaboraremos un cómic:

- ¿Qué tema os gustaría tratar?
- ¿Qué personajes saldrán?
- Pensemos en cada personaje, ¿cómo será?, ¿qué dirá?, etc.
- Intentemos representarlo gráficamente en la pizarra. ¿Cómo podemos hacerlo?

b) Agrupación: En pequeño grupo, en gran grupo.

Material
Papel, lápiz, colores, goma, pizarra, tizas.

Observaciones
Es conveniente dedicar tiempo al trabajo previo de observar muchos cómics, comentarios, fijarse en los globos, los personajes, las expresiones faciales, las acciones, las onomatopeyas...

Actividades para el primer ciclo de primaria

1er.C Me presento

Objetivos
- Presentarse uno mismo utilizando el lenguaje escrito y la imagen.
- Entender y utilizar funcionalmente las preguntas: «¿Quién soy?», «¿Cómo soy?», «¿Qué me gusta?».

Descripción
Durante los primeros días del curso, practicaremos, de forma colectiva y oral, la propia presentación de los alumnos y de los maestros. Cada niño y maestro dirá su nombre, cómo es (cómo se ve) y qué es lo que le gusta más. Más adelante se propone escribirlo en una hoja donde habrá tres viñetas con los bocadillos correspondientes, y en cada uno habrá, escrito, el principio de la frase: «Me llamo...», «Soy...», «Me gusta...».
a) Consigna: Piensa y escribe quién eres, cómo eres y qué es lo que te gusta más. Después dibujas lo que has escrito.
b) Agrupación: Individual.

Material
Hojas donde se habrán distribuido las tres viñetas (grandes) con los bocadillos y el principio de cada frase (ver figura 7), lápiz, goma, colores, etc.

Observaciones
Se pueden utilizar fotos traídas de casa en vez de hacer los dibujos. Realizaremos un dossier en el que recopilaremos todos los trabajos y los pondremos en el rincón de la biblioteca.

Figura 7. Me presento

ME LLAMO

SOY...

LO QUE MÁS ME GUSTA ES...

1er C ¿Cómo nos sentimos?

Objetivo
. Identificar el mensaje de las expresiones faciales.
. Utilizar el verbo en primera persona.

Descripción
Después de realizar actividades de dramatización imitando caras para expresar diferentes sentimientos, se entregará una hoja distribuida en dos, tres o cuatro viñetas (según el nivel) y en cada una habrá una cara dibujada con la expresión específica (contento, triste, enfadado, asustado) en el correspondiente bocadillo vacío. Los alumnos y las alumnas tendrán que escribir lo que quieren expresar.

a) Consigna: ¿Cómo te sientes? Escribe qué dices cuando haces cada una de estas caras.

b) Agrupación: Individual, por parejas, en pequeño grupo, en gran grupo.

Material
Hojas donde se habrán distribuido las cuatro viñetas (grandes) con los bocadillos vacíos (ver figura 8 y 9), lápiz, goma.

Observaciones
Esta actividad se puede complicar ampliando el número de expresiones o, si se cree oportuno, dar los bocadillos rellenados en otra hoja, y entonces se tendrán que recortar y colocar en el sitio correspondiente.

También se pueden trabajar, en otras sesiones, las frases exclamativas y/o interrogativas (¡!, ¿?), etc.

Figura 8. ¿Cómo nos sentimos? (Modelo para presentar al alumnado)*

Figura 9. ¿Cómo nos sentimos? (Modelo de expresiones faciales para preparar las viñetas)*

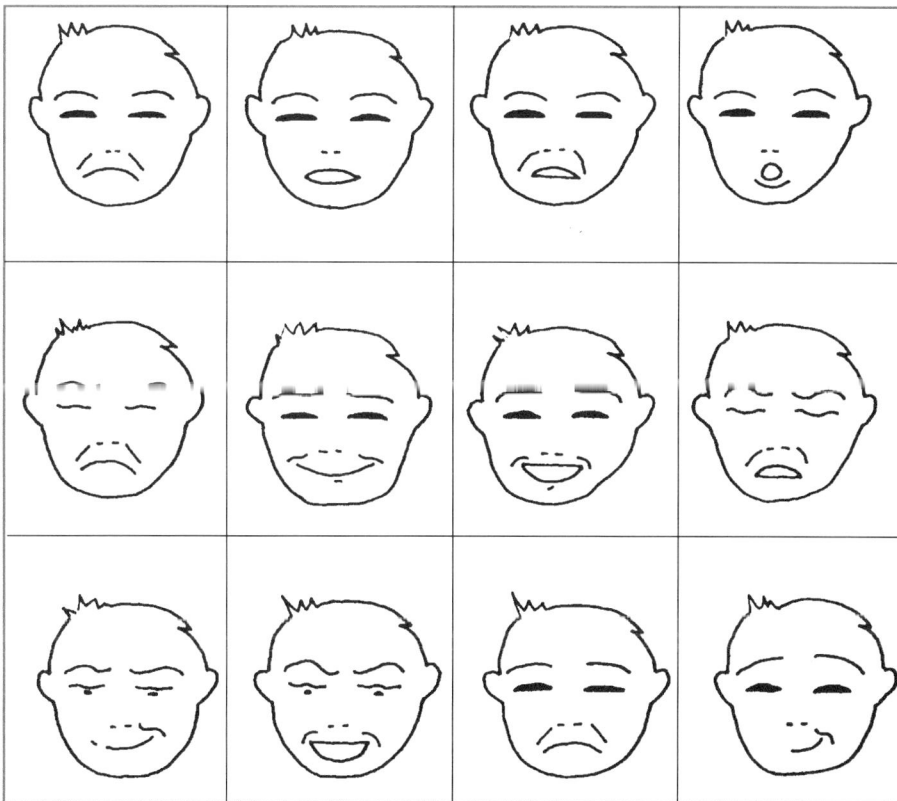

*Adaptación de un dossier sobre el cómic del CRP del Alt Penedès.

1er C ¿Sabes qué hago?

Objetivo
Utilizar adecuadamente los verbos para expresar acciones.

Descripción
Buscaremos en revistas personajes que estén realizando diferentes acciones, recortaremos dos y dibujaremos un bocadillo grande para escribir lo que hacen.

a) Consigna: Escribe el texto dentro del bocadillo. ¿Qué dicen estos personajes?

b) Agrupación: Por parejas.

Material
Revistas, tijeras, etc.

Observaciones
También se pueden buscar en revistas las fotos de personajes que realicen alguna actividad, recortarlas, pegarlas y escribir la acción correspondiente o aprovechar las fotos de cursos anteriores que se realizaron en excursiones, fiestas, colonias, etc.

Esta actividad permite trabajar, al mismo tiempo, las secuencias temporales.

1er C Los regalos

Objetivos
. Utilizar los signos de admiración y de interrogación.
. Utilizar los bocadillos correspondientes al diálogo y al pensamiento.

Descripción
Se da una secuencia de tres viñetas. En la primera el niño o la niña recibe un regalo, en la segunda lo desenvuelve y en la última se ve lo que había dentro de la caja. Por parejas, dibujarán en cada viñeta el bocadillo correspondiente según si piensa o si habla. Al mismo tiempo escribirán el texto.

a) Consigna: Mirad bien estas viñetas, ¿qué creéis que hace el niño, habla o piensa? Dibujad el bocadillo que le corresponda y escribid qué debe pensar o qué debe decir.

b) Agrupación: Por parejas.

Material
Hojas con las viñetas dibujadas (ver figura 10), lápiz, goma.

Observaciones
Seguro que en algunas de las propuestas de los niños y de las niñas también aparecen algunos sonidos onomatopéyicos. Debemos aprovechar las distintas aportaciones para trabajar los diferentes conceptos que aparecen.

Figura 10. Los regalos

Figura 10. Los regalos

1er C Indicadores (I)

Objetivos
- Reconocer el mensaje de cada indicador (delta, líneas de movimiento, etc.).
- Aplicarlos a diferentes situaciones.

Descripción
A cada pareja se le da una hoja con seis viñetas sobre una historieta muda, por ejemplo de los pitufos. Colectivamente, se comentan las reacciones de los personajes en función de la situación: hablan, piensan, gritan, hablan a la vez, corren. En otra hoja encontrarán los bollycaos vacíos, pero con los indicadores correspondientes. Lo tendrán que recortar y colocar en la viñeta adecuada. Después escribirán el texto.

a) Consigna: Tenemos que recortar los bollycaos y pegarlos en las viñetas correspondientes. Después escribiremos lo que deben pensar o decir los personajes.

b) Agrupación: Por parejas.

Material
Hoja del cómic, hojas con los bocadillos vacíos (ver figura 11), tijeras, pegamento, lápiz, goma.

Observaciones
Esta actividad puede utilizarse para trabajar, en otra sesión, la erre.

Según el nivel, se puede ampliar el número de indicadores, utilizarlos sin modelo, etc.

Figura 11. Indicadores (I)

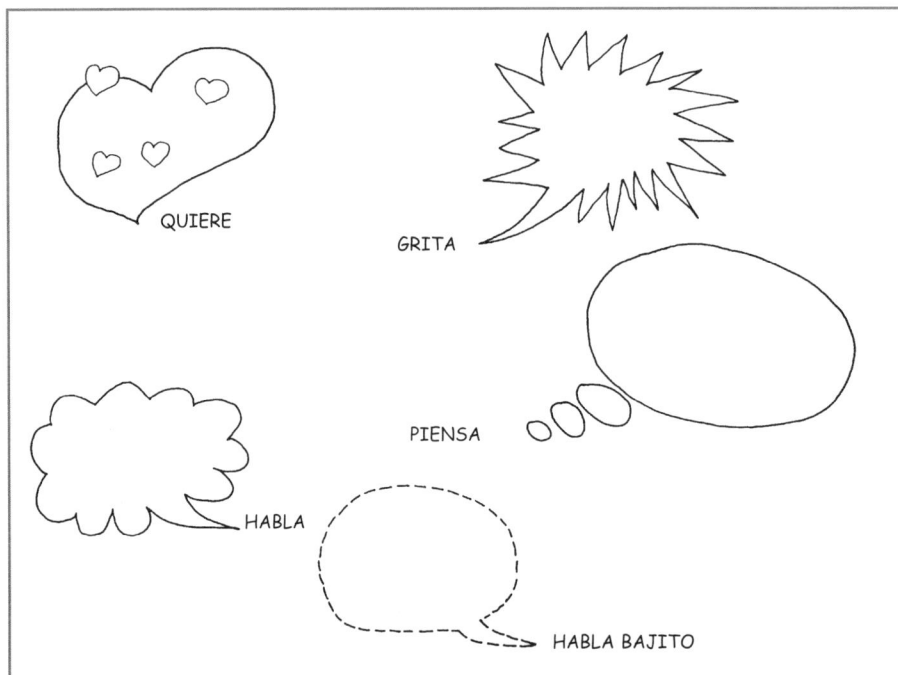

QUIERE

GRITA

PIENSA

HABLA

HABLA BAJITO

1er.C Indicadores (II)

Objetivo
Reconocer el mensaje de cada indicador. Aplicarlo en situaciones diferentes: hablar, gritar, pensar, hablar en voz baja, etc.

Descripción
Cada niño o pareja tiene diferentes cómics, entre todos se comenta esta modalidad de texto. ¿Qué es un cómic? ¿Qué personajes aparecen? ¿Cómo son las viñetas? ¿Cómo lo hacen los personajes para hablar? Dibujemos en la pizarra diferentes tipos de indicadores.

a) Consigna: Haz un dibujo donde aparezcan varios personajes y que utilicen algunos de los bocadillos de la pizarra.

b) Agrupación: Por parejas, en gran grupo.

Material
Cómics, hoja, lápiz, pizarra, etc.

Observaciones
Cuando se hayan terminado los trabajos se puede hacer una exposición con todos los dibujos.

1ᵉʳ·C Lectura del cómic

Objetivo
Interpretar el lenguaje del cómic: imagen, bocadillo, líneas de movimiento, narración, etc.

Descripción
Se dirá a los alumnos y alumnas que traigan cómics de casa, de la biblioteca, etc. Por grupos miran y explican el cómic. Después se comentan todos colectivamente y qué nos ha hecho pensar...

a) Consigna: Un compañero o compañera de cada grupo os leerá y os explicará un cómic. Tenemos que fijarnos en cómo está escrito, en las señales que hay para que lo entendamos mejor. Después todos juntos hablaremos de ello.

b) Agrupación: En pequeño grupo, en gran grupo.

Material
Cómics que tendrán que traerlos los niños de casa (si no es posible, los traerá la maestra o los iremos a buscar en la biblioteca).

Observaciones
No debemos olvidar que cuando piden a los alumnos y a las alumnas que traigan cómics traerán los del tipo «Batman», «Astérix», «Tintín», etc., debemos respetarlo, porque el primer paso que nos interesa es motivar al escolar, pero es importante hacerlo reflexionar sobre el contenido y el mensaje, muchas veces violento, que podemos encontrar detrás de los personajes y que hay un abanico de alternativas.

1ᵉʳ·C Completamos el cómic

Objetivos
. Hacer coincidir la imagen con los bocadillos correspondientes.
. Fomentar la lectura comprensiva.

Descripción
En una hoja tendremos mezclados los bocadillos con el texto correspondiente. En otra hoja tendremos el cómic con los globos vacíos. Los alumnos y las alumnas tendrán que leer, recortar y pegar los bocadillos, con texto, en la viñeta adecuada.

a) Consigna: Primero tenemos que leer los bocadillos atentamente para no equivocarnos. Después los recortaremos y los pegaremos en la viñeta correspondiente.

b) Agrupación: Por parejas.

Material
Cómic con los bocadillos vacíos (ver figura 13), con los bocadillos desordenados (ver figura 14), tijeras, pegamento.

Esta actividad se puede adaptar a los diferentes niveles (zonas de desarrollo próximo) de nuestro grupo, complicando y/o alargando la historia.

Figura 13. Completamos el cómic (Hoja con los bocadillos vacíos)

Figura 14. Completamos el cómic (Hoja con los bocadillos llenos)

1ᵉʳC Enredos de cuentos

Objetivo
Escribir las frases correspondientes a cada personaje.

Descripción
Se da una hoja con una parte del cuento tradicional dibujado en cuatro, en cinco o seis viñetas (por ejemplo: *La Caperucita Roja*).En algunos bocadillos de diálogo se incluyen frases de otro cuento (por ejemplo: «Soplaré, soplaré y la casa derrumbaré»). Los niños y las niñas los tienen que identificar, borrarlos y tienen que escribir el texto correcto (por ejemplo: «Son para verte mejor»).

a) Consigna: En este cuento de la Caperucita hay un personaje que se equivoca cuando habla. Tenemos que borrar el texto equivocado y escribirlo correctamente.

b) Agrupación: Por parejas.

Material
Hojas con la historieta del cuento tradicional (ver figura 15), lápiz, goma, etc.

Observaciones
Esta actividad, como la mayoría, permite un grado de dificultad variable, y también modificar los cuentos de un grupo a otro, para poder respetar mejor los niveles de cada niño. Se puede empezar con el modelo y después componer otro cuento tradicional entre todos, realizar la actividad con cuentos o historietas inventadas, etc.

Figura 15. Enredos de cuentos

1ᵉʳ C ¿Quieres conocerme?

Objetivo
Responder según el contexto de la imagen.

Descripción
Se da una hoja con viñetas donde hay representada una historia de unos personajes. En cada viñeta hay un diálogo entre dos niños, con preguntas como: «¿Quién eres?», «¿Dónde vives?», «¿Qué haces?», «¿Dónde vas?», «¿Puedo ser tu amigo?», etc. El alumnado tendrá que completar el diálogo rellenando los bocadillos que encontrará vacíos.

a) Consigna: ¿Veis estos niños?, hablan entre ellos, pero el diálogo de uno de los personajes ha desaparecido. Vosotros tenéis que imaginar el texto, según lo que diga su compañero, y escribirlo en los bocadillos vacíos.

b) Agrupación: Por parejas, en pequeño grupo.

Material
Hojas con la historieta y algunos bocadillos rellenados (ver figura 16), lápiz, goma, etc.

Observaciones
Antes de empezar las alumnas y los alumnos tienen que realizar un diálogo por

sí mismos, antes deben haber hecho muchos modelos entre todos en la pizarra. Mientras los niños y las niñas trabajan, el maestro pasará por las mesas para ofrecer la ayuda necesaria en cada caso.

Figura 16. ¿Quieres conocerme?

1er.C Del cuento al cómic

Objetivos
- Transformar una narración en diálogo.
- Utilizar las expresiones exclamativas.

Descripción
Se pide a un alumno o a una alumna que cuente un cuento conocido, como por ejemplo, *Los tres cerditos*. A continuación se repartirá una hoja (tipo Din-A3) que representa la historia en seis u ocho viñetas y con los bocadillos vacíos para que el alumnado escriba las exclamaciones y los diálogos correspondientes.

a) Consigna: Ahora tenemos que escribir en esta hoja lo que dice cada personaje en cada situación.

b) Agrupación: Individual, por parejas, en pequeño grupo, en gran grupo.

Material
Hoja (Din-A3) con las imágenes del cuento y los bocadillos vacíos (ver figura 17), lápiz, goma.

Observaciones

Cuando se haya acabado y comentado esta actividad se puede completar con otras sesiones añadiendo los sonidos onomatopéyicos, cambiando el carácter del personaje y los diálogos, añadiendo o eliminando personajes, etc.

La agrupación para hacer esta actividad se decidirá en función del grupo clase en concreto.

Figura 17. Del cuento al cómic

1ᵉʳC Inventamos historias

Objetivos
- Inventar el título adecuado para la historia.
- Rellenar los bocadillos con los diálogos de los personajes.

Descripción
En una hoja donde está representada una historia con sus personajes y acciones, se propone que, colectivamente y oralmente, los niños y las niñas expongan lo que pueden decir los personajes en cada circunstancia. Evidentemente, aparecerán diferentes propuestas. Al terminar la actividad oral, cada pareja escribirá su propuesta.

a) Consigna: En esta hoja que tenemos delante tenemos que escribir lo que creamos que dicen los personajes. Después pensaremos un título para nuestra historia y la leeremos para comprobar cuántas historias diferentes han surgido.

b) Agrupación: Por parejas, en gran grupo.

Material
Cómic con los bocadillos vacíos (ver figura 18), lápiz, goma, rotuladores, etc.

Observaciones
Cuando se piense el título lo pueden hacer las mismas parejas, o intercambiando las versiones y, después de leerlas, los otros proponen un título.

El número de viñetas, personajes y/o acciones se ampliará dependiendo del nivel. Al principio del primer ciclo de primaria, se puede empezar con dos o tres viñetas y poco a poco ampliarlas a medida que el curso avance.

1ᵉʳC Los disfraces

Objetivos
- Continuar un diálogo en primera persona.
- Interpretar y utilizar los signos de admiración y de interrogación.

Descripción
Aprovechando la celebración de alguna fiesta tradicional, se propone trabajar la observación del mundo de la imagen, basándose en ésta para extraer información que permita componer el texto respetando los diferentes puntos de vista y/o la interpretación.

A cada grupo se le da un cómic con sus correspondientes bocadillos para rellenar y alguno con texto, para dar un punto de referencia. Para completar el texto se tienen que fijar en las imágenes, con los textos que haya y en los signos de admiración y de interrogación que se añadan.

a) Consigna: En esta historieta tenemos que rellenar los bocadillos que están vacíos fijándonos en el modo en qué visten los personajes, qué preguntan, qué contestan... ¿Cómo creéis que termina la historia?

b) Agrupación: Por parejas.

Figura 18. Inventamos historias

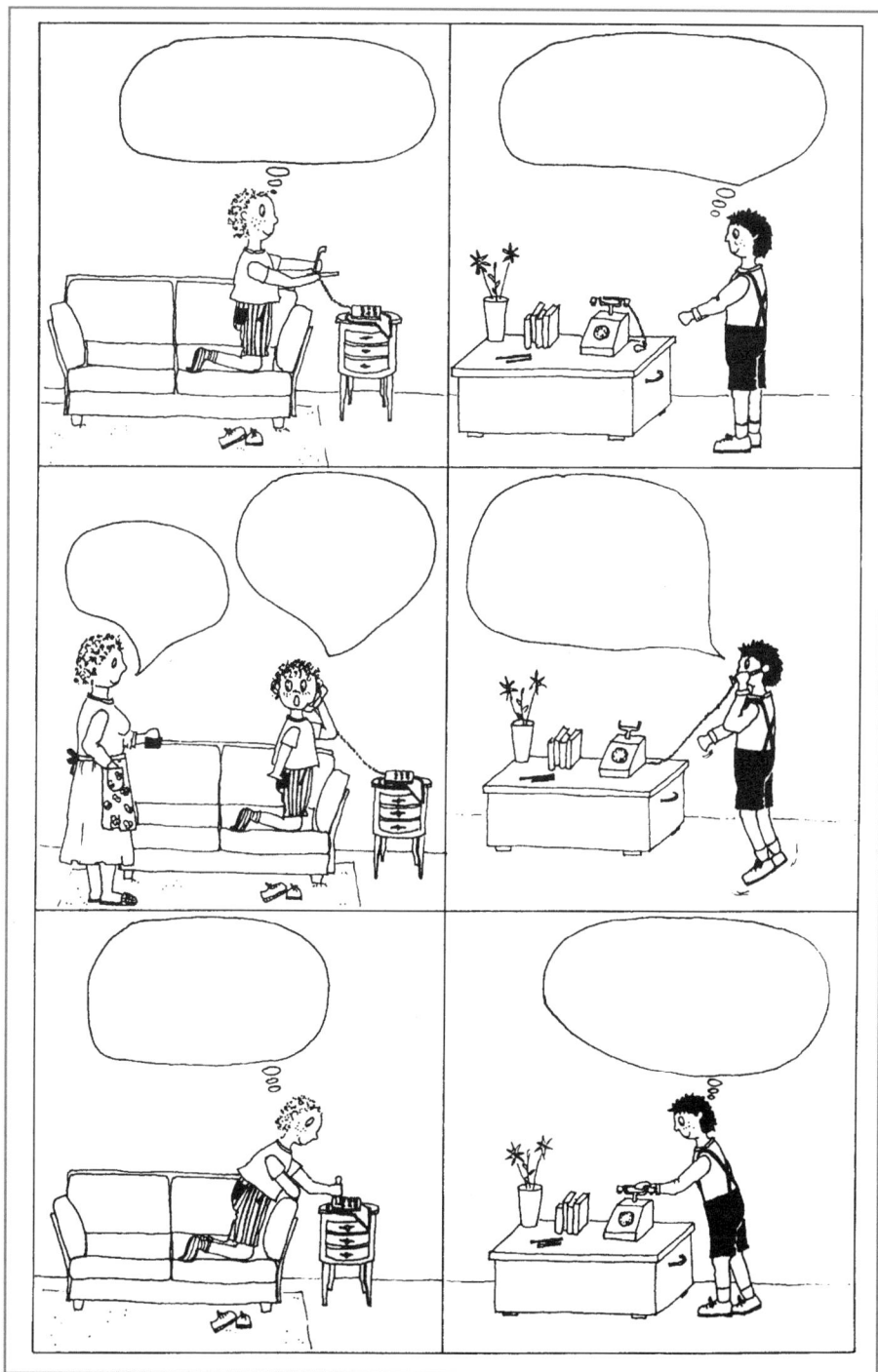

Material
Cómic con el texto incompleto (ver figura 19), lápiz, goma, colores.

Observaciones
También se puede borrar todo el texto o el título, cambiarlo, centrarse en la utilización de los signos, las frases incompletas, etc.

1er C Cambio de personaje

Objetivo
Escribir el texto de uno de los personajes cambiando el argumento de la historia.

Descripción
Después de haber trabajado un cuento conocido (por ejemplo: *Pulgarcito*), se cambia el personaje principal y los alumnos y las alumnas tendrán que escribir el texto que crean conveniente.

a) Consigna: En esta historia se tiene que cambiar el personaje principal por otro personaje muy distinto y por este motivo, actúa de otra manera y dice cosas muy distintas. Tendremos que escribir lo que creemos que debe decir o hacer realmente, los sonidos que emite, etc.

b) Agrupación: Por parejas, en gran grupo.

Material
Cómic mudo con el personaje cambiado, lápiz, goma.

Observaciones
Se podría pedir a un curso más avanzado que preparara el cómic, para que los alumnos y las alumnas de este ciclo puedan trabajarlo.

Figura 19. Los disfraces

Lenguaje popular:
pareados, adivinanzas y dichos

Podemos agrupar diferentes modalidades trabajadas en el lenguaje popular dentro de un mismo bloque, porque son actividades similares.

Estas formas de expresión crean interés en los niños y niñas desde pequeños y nos pueden ser muy útiles. Al ser un lenguaje rítmico, facilita la memorización, ayudándoles en la expresión, tanto en la adquisición de nuevos fonemas como de vocabulario, de estructuras, etc.

Existe un amplio repertorio de las diferentes modalidades de lenguaje popular y esto nos permitirá seleccionar los más adecuados para cada nivel, según la época del año, el tema que estemos trabajando, etc.

En P3 se pueden empezar a introducir los pareados y los dichos para que poco a poco les sean familiares y los vayan memorizando.

En P4 podemos prever actividades de lectura, como por ejemplo: la maestra lee un texto corto de la pizarra «señalando con el dedo», los niños y la maestra lo leen conjuntamente. Un niño o niña sale a la pizarra a buscar una palabra determinada, etc. Y también actividades de escritura: la maestra o maestro escribe un título concreto en la pizarra dictado por los niños y las niñas, y después éstos copian el título de la pizarra en su hoja.

A esta edad, proponemos empezar el trabajo de los pareados oralmente y de manera ocasional, si surge en clase, con los nombres de los niños... Referente al trabajo de las adivinanzas y los dichos, éste puede ser más sistemático, se puede realizar en cada bloque temático trabajado a lo largo del curso.

En P5 y en el primer ciclo de primaria el trabajo sobre el lenguaje popular también es interesante dada su aportación de vocabulario. En cada unidad de programación que se trabaja se puede encontrar un dicho, una adivinanza que haga referencia...

Es importante que la maestra o el maestro lea muchos pareados y plantee adivinanzas. Éstas se pueden escribir en la pizarra. Más adelante, puede pedirles que sean ellos y ellas los que las inventen. Las pueden escribir en la pizarra y después individualmente en una hoja.

En los pareados les atrae el ritmo del lenguaje, y en las adivinanzas, el tipo de juego que representa.

El trabajo que se puede realizar a través de los dichos facilita la memorización y la comprensión. También se pueden escribir en la pizarra, buscar una palabra determinada y escribirla individualmente en una hoja (empezando por distintos modelos). Se debe trabajar el significado del dicho.

El padre y la madre pueden ayudar a ampliar el repertorio.

Podemos buscar dichos de los meses del año, pero también que hagan referencia a la unidad de programación que se esté trabajando.

Cuando se crean adivinanzas, se pueden seguir los pasos siguientes, como dicen Badia y Vilà (1985):

- Descripción de las características del objeto que queremos que sea adivinado.
- Comparación del objeto con otros de parecidos (que tengan las mismas características dichas anteriormente en el grupo clase).
- Entonces, combinando los elementos, podemos construir las adivinanzas.
- Se crean dos o tres versos con un número de sílabas determinado y con una rima adecuada y ya tenemos la adivinanza.

Compilación de pareos de los meses
- Agosto tiene la culpa y septiembre la pulpa.
- Treinta días tiene noviembre, como abril, junio y septiembre; de veintiocho no hay más que uno; los demás, de treinta y uno.
- Agua de enero, cada gota vale dinero.
- El mes de febrero lo inventó el casero.
- En febrero busca la sombra el perro.
- Buen enero, mal febrero.
- No te fíes ni de marzo caluroso ni de abril lluvioso.
- Marzo ventoso y abril lluvioso, traen a mayo florido y hermoso.
- Cuando marzo mayea, mayo marcea.
- En abril, aguas mil.
- Abril sonriente, de frío mata a la gente.
- Abriles y señores, pocos hay que no sean traidores.
- Las mañanitas de abril son muy dulces de dormir.
- Abril y mayo, llaves de todo el año.
- Hasta el cuarenta de mayo no te quites el sayo.
- Agua de por mayo, pan para todo el año.

Actividades para P3

P3 Aprendemos un dicho

Objetivo
Memorizar un dicho.

Descripción
Cada mañana se repite el dicho del mes y se pide a los niños que expliquen qué significa, para que lo vayan memorizando.
a) Consigna: ¿Recordáis el dicho? Digámoslo todos juntos. ¿Qué significa?
b) Agrupación: En gran grupo.

Material
Dichos de los meses del año.

Observaciones

Cuando se haya trabajado el dicho, la maestra lo escribe en un trozo de cartulina y lo cuelga en la pared, donde pueden haber otros que se van repasando, con su imagen correspondiente.

Esta actividad también se puede realizar con las adivinanzas y los pareados.

P3 Nombre, fecha y dibujo

Objetivo
Reconocer diferentes maneras de expresar lo mismo.

Descripción
Se da una hoja a los niños y niñas donde está escrito el nombre del mes, el dicho y un dibujo que representa su significado. Se lee la hoja entre todos, se comenta y las alumnas y alumnos pueden pintar el dibujo.

a) Consigna: Miremos esta hoja, ¿qué deben decir estas letras? Y este dibujo, ¿qué significa? ¿Dónde dice el mes en que estamos? Y aquí, ¿qué pone? ¿Por qué?

b) Agrupación: Individual, en gran grupo.

Material
Hojas con la escritura del nombre del mes, el dicho y un dibujo que represente su significado, colores.

Observaciones
Siempre que se crea necesario, se puede aprovechar para trabajar el texto, ya sea buscando letras que tengan en su nombre; que la maestra lea alguna palabra y después la lean ellos, acompañándose con el dedo; buscando alguna palabra sencilla como *sol*; etc.

Actividades para P4

P4 ¿Qué será, qué será...?

Objetivo
Seleccionar la imagen adecuada según la información del texto.

Descripción
El alumnado tiene en su hoja el texto de una adivinanza y lo leemos colectivamente a pesar de ayudarnos con el dedo. Debajo habrá tres o cuatro dibujos diferentes, pero sólo uno representa el texto de la adivinanza. Cada niño dirá y señalará el dibujo que considere que es el adecuado.

Después, la maestra escribirá el nombre del dibujo en la pizarra y cada escolar lo escribirá en su hoja debajo de la imagen seleccionada.

a) Consigna: Escuchad y leed poco a poco esta adivinanza para poder descubrir de qué objeto se trata. ¿Ya lo sabéis todos? Pues ahora la escribiremos en la pizarra para que después la podáis escribir en vuestra hoja.

b) Agrupación: Individual, por parejas, en gran grupo.

Material
Hojas con la adivinanza y los dibujos, lápiz.

Observaciones
Según el nivel, no será necesario escribirla en la pizarra. También se puede sugerir buscar otros recursos: consultar al compañero o compañera, ayudarse mútuamente, consultar la biblioteca, los cartoncitos de vocabulario, etc.

P4 Empezamos un nuevo mes

Objetivos
- Comenzar a situarse en el mes en que estamos.
- Familiarizarse con los dichos.

Descripción
Cada primer día de mes se hace la presentación del dicho. Se consulta el calendario y se mira el mes en que nos encontramos. Se lee colectivamente el nombre del mes y el dicho, se explica su significado (señalando con el dedo).

a) Consigna: Hoy empieza un nuevo mes. Miramos al calendario de qué mes se trata. Estamos en el mes de... Escuchad el dicho de este mes. ¿Sabéis que significa? ¿Me ayudáis a leerlo?

b) Agrupación: En gran grupo.

Material
Calendario, pizarra, dichos de los meses del año.

P4 Pareados[18]

Objetivo
Familiarizarse con la lectura.

Descripción
Los niños y niñas van diciendo pareados, ejemplo: «Ana quiere una manzana». Pediremos que busquen palabras con la misma terminación que su nombre, después, con la ayuda de los compañeros y compañeras, escribirán la palabra en la pizarra. La maestra puede escribir en un mural el nombre del niño junto al pareado.

a) Consigna: Busca palabras que suenen igual que tu nombre. Ahora escribe una en la pizarra. Nosotros te ayudaremos.

b) Agrupación: Individual, en gran grupo.

Material
Pareados, pizarra, tiza.

Observaciones
Antes de trabajar los pareados para escribir se deben haber trabajado muchos oralmente. Si el grupo es numeroso, esta actividad es mejor hacerla en varias sesiones.

Actividades para P5

P5 ¿Qué más trabajamos en el dicho?

Objetivos
- Profundizar en la comprensión del dicho y en el vocabulario nuevo.
- Memorizar el dicho del mes.

Descripción
El maestro o la maestra escriben dos dichos del mes en la pizarra y los leen. Se realiza un trabajo de comprensión explicando, entre todos, el significado del dicho y el vocabulario nuevo.

De los dos dichos, se elige uno (a los niños y niñas les gusta mucho elegir) y en él se buscan:
- Las palabras conocidas que aparecen.
- Las palabras que empiezan y terminan igual.
- Las palabras largas y las palabras cortas.
- Las palabras con un sonido determinado.

De este modo, lo vamos repitiendo hasta que lo memorizamos.

Al final, cada niño lo copiará en su hoja y hará un dibujo.

a) Consigna: A continuación trabajaremos el dicho del mes de... He escrito dos dichos en la pizarra, ahora los leeré. Elegid uno. Ahora lo leeremos todos juntos.
- ¿Qué creéis que significa este dicho? ¿Y éste que os leeré? Elegid uno entre todos.
- ¿Qué palabras ya conocemos del dicho?
- Buscamos palabras que empiecen igual que..., que terminen igual que...
- Ahora cada niño y niña copiará el dicho en la hoja y hará el dibujo.

b) Agrupación: Individual, en gran grupo.

Material
Hoja, lápiz, utensilios para hacer el dibujo.

Observaciones
En principio es la maestra o el maestro quién lee el dicho y después lo leen todos. A medida que avance el curso, serán los alumnos y las alumnas quienes lo leerán de la pizarra. El resto del trabajo será parecido.

P5 Inventamos un pareado

Objetivo
Inventar un pareado utilizando dos palabras que rimen.

Descripción
Se darán cuatro cartoncitos por pareja para poder hacer pareados. Los niños tendrán que parear los cartoncitos que rimen y entonces, inventar el pareado y escribirlo.
Después se leerán todos colectivamente.
a) Consigna: Hoy nos inventaremos pareados. Por parejas vendréis a mi mesa y cogeréis sin mirar un juego de cartoncitos (cuatro), a partir de los cuales tendréis que inventaros dos pareados, vigilando que rimen las palabras. Después los escribiréis en una hoja.
b) Agrupación: Por parejas.

Material
Cartoncitos con palabras que rimen, hoja, lápices.

Observaciones
Antes de empezar el trabajo por parejas, será mejor poner algunos ejemplos colectivos.

P5 Adivinanza

Objetivo
Memorizar una adivinanza y buscar la solución.

Descripción
Aprenderemos la adivinanza de memoria: «Alta y delgadita echa humo por la coronita». La maestra la escribirá en la pizarra y los alumnos la copiarán en una hoja, después harán el dibujo y escribirán la solución: «La chimenea».
a) Consigna: Leed esta adivinanza. Pensad la solución. Intentaremos recordarla. Ahora copiad la adivinanza de la pizarra, haced el dibujo y escribid la solución.
b) Agrupación: Individual, por parejas, en gran grupo.

Material

Adivinanza, papel, lápiz, colores.

Observaciones

Es importante que las adivinanzas tengan relación con la unidad de programación que se está trabajando para facilitar la solución.

También intentaremos, primero colectivamente y después por parejas, inventar adivinanzas relacionadas con el tema que se está trabajando: buscando características sin decir el nombre, cambiando alguna palabra de adivinanzas conocidas, etc.

P5 Adivinamos adivinanzas

Objetivos

- Deducir el significado de las adivinanzas.
- Adoptar una actitud de observación y de búsqueda del mundo exterior.

Descripción

El maestro o la maestra escribe una adivinanza en la pizarra y se lee colectivamente. Se trabaja la comprensión y se intenta adivinarla. Después la maestra da una hoja para escribirla y hacer un dibujo. Al final la memorizan.

a) Consigna: Ahora vamos a leer esta adivinanza todos juntos.

¿Qué significa esta palabra...? ¿Qué palabras conocidas hemos encontrado en esta adivinanza? ¿Qué respuestas se os ocurren?

Muy bien, la respuesta es... Ahora la copiaremos en una hoja y debajo escribiremos la solución y la dibujaréis.

b) Agrupación: Individual, en gran grupo.

Material

Hoja, lápiz, goma, utensilios para pintar.

Observaciones

Otro aspecto que se puede trabajar con la adivinanza es la ortografía, buscando todos los fonemas trabajados en la palabra.

Actividades para el primer ciclo de primaria

1ᵉʳ C Interpretación plástica[19]

Objetivos
- Entender el significado del dicho.
- Interpretar creativamente un dicho.

Descripción
En grupos de tres o cuatro niños se dará una cartulina y varios utensilios para hacer el dibujo del dicho. Debajo del dibujo que realicen, copiarán el dicho. Después se elegirá uno de los trabajos para colgarlo en la clase, junto con los otros dichos de los meses anteriores.

a) Consigna: Haced, en esta hoja, el dibujo del dicho, aquí tenéis varios materiales que podéis utilizar. Cuando hayáis terminado el dibujo, copiad el dicho debajo, podéis utilizar el tipo de letra que queráis, incluso las podéis recortar de revistas, etc.

Después, entre todos, decidiremos cuál es el dicho que nos gusta más para tenerlo colgado como dicho del mes.

b) Agrupación: En pequeño grupo, en gran grupo.

Material
Varios utensilios para realizar el dibujo: hojas rígidas, colores, rotuladores, colores de cera, papel de charol, papel de seda, tijeras, pegamento, revistas,... Todo encima de una mesa y cada grupo va a buscar lo que necesita.

Observaciones
En esta actividad nos puede llegar a sorprender la creatividad del alumnado.

1ᵉʳ C Un dicho a trozos

Objetivos
- Reconstruir el dicho del mes.
- Trabajar la organización de la frase.

Descripción
Utilizando el dicho del mes escrito en una hoja rígida, la recortarán palabra por palabra y después la volverán a componer.

En un sobre, copiarán el dicho y dentro pondrán los cartoncitos con el dicho troceado y lo guardarán en la caja de los dichos que tiene cada niño y niña.

a) Consigna: Recortad la cartulina a trozos, palabra por palabra, y después cuando esté mezclada, tenéis que volver a componerlo.

Ahora lo copiáis en este sobre, guardad los cartoncitos dentro y guardarlo en la caja personal de los dichos y refranes.

b) Agrupación: Individual, por parejas.

Material
Tiras de cartulina, tijeras, rotuladores, sobres, una caja para cada niño.

Observaciones
Según el nivel, el dicho puede ser dictado por la maestra o por un alumno.

Debemos recordar que si algún niño tiene dificultades cuando recorta las palabras, el maestro le pedirá que primero lo marque en lápiz.

Este material se podrá utilizar en los rincones o también como juego.

1ᵉʳC Relacionar el significado con la imagen

Objetivo
Interpretar el significado del dicho.

Descripción
Se hacen parejas y a cada una se le dan cuatro dichos y cuatro dibujos que tendrá que relacionar. Después, individualmente, copiarán un dicho en una hoja y harán el dibujo.

a) Consigna: Por parejas tendréis que relacionar cada dicho con su dibujo correspondiente y después, cada uno, individualmente, copiará un dicho en la hoja y hará los dibujos.

b) Agrupación: Individual, por parejas.

Material
Cuatro dichos y cuatro dibujos relacionados con estos dichos (por parejas), lápiz, goma, colores.

1ᵉʳC Completamos

Objetivo
Seleccionar la palabra según el contexto (significado, rima).

Descripción
Damos tres refranes incompletos, los alumnos y las alumnas, por parejas, tendrán que completar los espacios vacíos utilizando una lista de palabras que rimen.

Ejemplo: Agua de mayo, pan para todo el......... (paño, baño, rebaño, año).

Material
Hoja preparada, lápiz, goma, etc.

Observaciones

Esta actividad tendrá un nivel superior de dificultad si sólo les damos la primera parte y tienen que continuar la segunda.

Por ejemplo: Agua de mayo,..................................

1er C Escribimos dichos

Objetivos
. Memorizar los dichos.
. Escribir correctamente los dichos trabajados.

Descripción

Se dan tres dibujos de dichos diferentes que se han trabajado anteriormente. Por parejas tendrán que descubrir a qué dicho corresponde cada dibujo y escribirlo en el lugar correspondiente en la hoja. Después, entre todos, se escribirán en la pizarra y se comentarán.

a) Consigna: Aquí tenéis tres dibujos de tres dichos diferentes. Por parejas, recordad el dicho y escribirlo en el lugar correspondiente. Después los escribiremos en la pizarra y los comentaremos.

b) Agrupación: Por parejas, en gran grupo.

Material

Hoja preparada con los dibujos de los tres dichos y el espacio correspondiente para escribirlos, lápiz, goma.

1er C Investigamos nuestra historia

Objetivos
. Establecer vínculos de relación entre la escuela y la familia.
. Acercar al niño a las costumbres y al folklore del entorno.

Descripción

Cada escolar tendrá que pedir a su familia que le diga algún refrán o algún dicho y lo traerá escrito en una hoja. Después se leerán en clase y se hará un mural con el nombre del dicho o del refrán, el nombre de cada niño y el de la persona que se lo ha dicho. Se leerán colectivamente y se comentarán.

a) Consigna: Seguro que vuestros padres y sobre todo vuestros abuelos saben muchos refranes y dichos, pues para ampliar nuestra recopilación, cada uno preguntará a su familia un dicho o un refrán y lo escribiréis en una hoja. Después, en clase, lo leeremos y lo comentaremos y haremos un mural, escribiendo el dicho o el refrán, vuestro nombre y el de la persona que os lo ha dicho.

b) Agrupación: Individual, en gran grupo.

Material
Papel de embalaje, textos para hacer el mural.

1er C Jugamos con los dichos[20]

Objetivo
Relacionar fragmentos según el significado y el contexto.

Descripción
Se hacen grupos de cuatro. Uno de los niños hace de director de juego y tiene todas las primeras partes de los dichos. Los finales están repartidos entre los tres niños restantes.

El juego consiste en que el director o la directora lea un trozo del dicho y los otros niños y niñas tienen que ver si tienen lo que falta. Quien se quede primero sin ninguna tira, gana.

a) Consigna: Ahora haremos un juego con los dichos que conocéis. Haremos grupos de cuatro. Un niño o una niña será el director del juego y tendrá que leer los principios de los dichos, los otros tres tendrán que escuchar con atención y mirar si tienen la continuación; el niño o niña que lo tenga tiene que leerlo, aparearlo con la primera parte y dejarlo encima de la mesa. El niño o niña que se quede primero sin cartoncitos, gana.

b) Agrupación: En pequeño grupo.

Material
Cartoncitos con los dichos seccionados en dos partes.

Observaciones
Se puede pedir al alumnado que sea él mismo quien prepare el juego.

1er C Adivinanza para decir en casa

Objetivos
- Establecer relaciones entre la escuela y la familia.
- Exponer adivinanzas.
- Potenciar la memoria.

Descripción
Los niños y las niñas aprenden una adivinanza que ya hayan trabajado (si quieren pueden elegir entre algunas) y la explican en casa.

También tienen que pedir a sus familiares que les digan una adivinanza, la tendrán que escribir en una hoja y aprendérsela. Después se dirán en la clase, se adivinarán (si es necesario, dando pistas) y se colgarán.

a) Consigna: Pensad en una adivinanza que ya hayamos trabajado, para decirla en casa. También tendréis que preguntar una a vuestros padres, abuelos, hermanos... y el próximo día traedla escrita en una hoja. Después las adivinaremos en clase y las colgaremos.

b) Agrupación: Individual, en gran grupo.

Material
Hoja para escribir la adivinanza, lápiz.

1ᵉʳ·C ¿La sabes, ésta?[21]

Objetivos
- Leer una adivinanza de forma significativa.
- Retener adivinanzas de forma lúdica.

Descripción
A cada pareja se le darán dos adivinanzas y cuatro etiquetas, dos azules y dos blancas. En las etiquetas azules escribirán una adivinanza, y en las blancas tendrán un dibujo de la respuesta de cada una.

Por ejemplo: En la etiqueta azul: «Con mi cara encarnada y mi ojo negro y mi vestido verde, el campo alegro». En la etiqueta blanca: El dibujo de una amapola.

a) Consigna: Con las adivinanzas que conocéis, prepararemos un juego. Por parejas, os daré dos adivinanzas y cuatro cartoncitos (dos de color azul y dos de color blanco) y tendréis que hacer lo siguiente: primero leeros la adivinanza, después, en los cartoncitos azules, copiad las adivinanzas, cada adivinanza en una cartulina distinta. En cada cartulina haréis el dibujo de la respuesta. En grupos pequeños podéis jugar a aparear la adivinanza con la respuesta representada por un dibujo.

b) Agrupación: Por parejas, en pequeño grupo.

Material
Cartoncitos de colores blancos y azules, utensilios para pintar, lápiz.

Observaciones
Otra actividad sería la de dividir la adivinanza en frases. Se forman grupos de alumnos según el número de partes de cada adivinanza. El que crea que tiene la primera parte (por el contexto, por comenzar con la primera letra en mayúscula, etc.), la lee en voz alta y tiene que aparecer el que tenga la segunda parte, y así, sucesivamente hasta completarla.

En un principio, se hará con adivinanzas muy conocidas y trabajadas.

`1er C` Ahora inventamos nosotros

Objetivo
Ser capaz de inventarse adivinanzas siguiendo las consignas que nos dan.

Descripción
Se inventarán adivinanzas basándose en las descripciones de los niños y de las niñas de la clase. Debemos insistir que pongan aspectos positivos de los compañeros y compañeras.

Por ejemplo:
- Tiene el pelo largo y castaño.
- Sus ojos son brillantes y negros.
- Siempre está sonriente.
- Es muy trabajadora y buena compañera.
- ¿Quién es?

a) Consigna: Por parejas os inventaréis una adivinanza sobre algún compañero o compañera de clase y lo escribiréis en una hoja, junto con la respuesta. Después los leeremos colectivamente, pero sin decir el nombre.

b) Agrupación: Por parejas.

Material
Hoja, lápiz.

Observaciones
Partimos de la base de que estos niños y niñas han oído y han aprendido muchas adivinanzas y en parvulario ya habían empezado a inventar alguna colectivamente. Por este motivo, ya son capaces de inventarlas por parejas.

También se pueden inventar adivinanzas de objetos que resulten familiares.

Otra actividad interesante sería grabarlas y hacer un casete de adivinanzas. Esto nos permitiría trabajar la expresión oral, los niños y las niñas las podrían escuchar y se esforzarían en hacerlo bien.

`1er C` Normas de la clase con pareados

Objetivo
Inventarse y escribir correctamente los pareados según un objeto marcado colectivamente.

Descripción
Colectivamente, decidiremos cuáles serán las normas de la clase. El maestro o la maestra las escribirá en la pizarra y entonces inventaremos un pareado para cada norma y también la escribiremos en la pizarra. Por parejas las copiarán en forma de cartel y harán un dibujo representativo. Los colgarán en la clase.

a) Consigna: Pensamos, entre todos, las normas que tienen que regir nuestra clase.

Ahora, de cada norma nos inventaremos un pareado (si son niños y niñas de segundo de primer ciclo de primaria, salen ellos mismos en la pizarra a escribirlos) y después, por parejas, los copiaréis en una cartulina y haréis un dibujo. Se colgarán en la clase.

b) Agrupación: Por parejas, en gran grupo.

Material
Cartulinas, lápiz, goma, colores, rotuladores, etc.

Lenguaje poético: poesías y canciones

La modalidad del lenguaje poético, tanto si se trata de poesías como de canciones, desde muy pequeños hay que trabajarlas básicamente a nivel oral.

Tenemos que intentar hacer disfrutar a los niños y las niñas cuando escuchen un poema o canten una canción, tenemos que mostrarles este tipo de lenguaje. Tienen que saber que estos textos han sido escritos por personas (las autoras y los autores) y que nos explican hechos que pasan en el mundo, que reflejan los sentimientos de seres humanos de una manera bonita, que cuando los oímos suenan bien, tienen musicalidad.

Debemos explicar a las niñas y a los niños que la manera de escribirlo es distinta de cómo escribimos un cuento o una historia, que muchas veces las palabras tienen un doble sentido, que objetos que no tienen vida propia, en los poemas pueden tenerla, que cuando escribimos un poema o una canción jugamos con las palabras.

La poesía es un tipo de expresión muy peculiar, tanto por la sensibilidad que comporta, como por sus características lingüísticas. En el lenguaje poético encontramos muchas metáforas y simbolismos; con un léxico cuidado a menudo se pueden hacer recursos lingüísticos que no son propios del lenguaje oral, ni de otros lenguajes.

El lenguaje poético nos servirá para ejercitar la memoria, ya que en clase, desde párvulos, se deben recitar y aprender pequeños poemas y canciones.

Los hay para cada ocasión y adecuados a diferentes edades. Lo que debemos hacer cuando se aprende un poema o una canción es poner en situación a los niños y niñas: a quién va dirigido, de qué tema nos habla, quién lo escribió y por qué, cuáles eran sus sentimientos cuando lo compuso, etc.

Existen diferentes aspectos que nos conducen a trabajar estas modalidades:

- El lenguaje rítmico, facilita la memorización.
- Conocer un texto de memoria, facilita la memorización.
- El gran repertorio de poesías que existe nos permite encontrar alguno referente al centro de interés elegido y adecuarlo a cada nivel, así como trabajar con las palabras, las frases y los textos.

Las canciones y las poesías que elegimos tienen que ser cercanas a las niñas y a los niños, sencillas y cortas, y ligadas a nuestra cultura. En la biblioteca de la clase podría haber libros de poemas para que el alumnado pudiera mirar, leer o copiar, según la edad. Deberíamos conseguir que estos libros fueran de autores conocidos y de poemas escritos para niños como ellos. En el primer ciclo de primaria, en la biblioteca de la clase, también debería haber un sitio para dejar los poemas que se hayan inventado los niños y las niñas del aula, un lugar donde se pudiesen exponer sus producciones.

Si en la escuela hay un especialista de música, sería recomendable que se coordinaran, saber qué canciones trabajará a lo largo de los ciclos y explicarle el trabajo que haremos en lenguaje con las canciones que enseñará.

En los primeros cursos, el trabajo básicamente será oral. Pero en P4 y P5 podemos aprovechar este recurso para empezar a escribir: escribir los títulos, buscar palabras del texto de la canción o del poema, cambiar algunas palabras por otras de parecidas y que rimen igual, copiar pequeños modelos de la pizarra, etc. Todas estas actividades sobre todo se realizarán colectivamente.

Una actividad muy interesante para todos los cursos sería organizar un recital de poemas, si fuera posible que lo protagonizara una persona que se dedicara a ello. Podríamos ayudarles a comprender su sentido, los elementos que los componen, etc.

En otra ocasión, algunos alumnos de primer ciclo de primaria pueden prepararse algunos poemas, inventados o no por ellos y ellas, y recitarlos a otras clases de la escuela. Esta actividad ayudaría a que los niños y las niñas vieran que sus producciones no sólo sirven para que únicamente las disfruten ellos y ellas cuando las escriben, sino que también las puedan escuchar los compañeros y compañeras del centro.

En el primer ciclo de primaria, en la clase de lenguaje, podemos aprovechar los poemas y las canciones para trabajar las diferentes categorías (nombre, adjetivo, verbo, etc.) y para acercarnos más a la ortografía.

Se puede hacer lo mismo con las canciones trabajadas, se puede organizar un canto de canciones, a nivel de ciclo o de escuela, junto con el especialista de música, y además de cantarlas, explicar el trabajo que hemos realizado en clase, quién las escribió, por qué, a quién iban dirigidas, si nos explican una historia o no, etc.

Referente a la bibliografía de poesías y canciones, podemos encontrar diferentes libros que tengan un buen repertorio, tanto de autores como de niveles.

Actividad para P3

P3 Poemas y/o canciones

Objetivo
Ejercitar la memoria utilizando poemas y/o canciones.

Descripción
La maestra presenta un poema o una canción, recitándolo o cantándola. Se comenta entre todos qué quiere decir, etc. Se intenta memorizar repitiéndola cada día todos juntos.

a) *Consigna:* Escuchad este poema. ¿Qué quiere decir? Intentamos recordarlo.
b) *Agrupación:* En gran grupo.

Material
Poemas y/o canciones sencillos y cortos, cartulina, rotuladores.

Observaciones

Más adelante podemos darlo por escrito en una hoja, con un dibujo que ellos y ellas pueden pintar.

La maestra también puede escribir el poema o la canción en una cartulina y realizar un dibujo para que sea más fácil, para que los niños y niñas los puedan identificar. Se pueden dejar colgados en la clase.

Algunos ejemplos de poemas y canciones

La señora luna
le pidió al naranjo
su vestido verde,
su velillo blanco.

Luna lunera
la cascabelera,
los ojos azules,
la cara morena.

Pajarito que en lo alto
tienes el nido.
No despiertes al niño
que está dormido.

El perro
He perdido mi perro
he perdido un amigo
compañero inseparable
ya no escucho sus ladridos.
Cuando vio que yo llegaba
hacia mí vino corriendo
no intuyó el peligro
en el acto quedó muerto.
Le recuerdo con cariño
y no puedo evitar
que una lágrima se escape
cuando miro su collar.

En los árboles del huerto
hay un ruiseñor
canta de noche y de día
canta la luna y al sol.

Antonio Machado

Los patitos
Los patitos van al agua
tienen ganas de nadar,
una hilera bien formada
unos vienen y otros van.
Cua, cua, cua...
Va la pata por delante,
los patitos van detrás,
cuatro, cinco o seis patitos
ni uno menos, ni uno más.
Cua, cua, cua, cua...

Tengo una muñeca vestida de azul,
con su camiseta y su canesú.
La saqué a paseo se me constipó.
La tengo en la cama con mucho dolor.
Esta mañanita me dijo el doctor,
que le dé jarabe con un tenedor.
Dos y dos son cuatro
cuatro y dos son seis.
Seis y dos son ocho
y ocho dieciséis.

Que llueva, que llueva,
la virgen de la cueva,
los pajaritos cantan,
las nubes se levantan,
que sí, que no,
¡que caiga un chaparrón!...
que rompa los cristales
de la estación.

El patio de mi casa es particular,
cuando llueve se moja como los demás,
agáchate y vuélvete a agachar,

que los agachaditos
se vuelven a agachar.

Cinco lobitos
tiene la loba,
cinco lobitos
detrás de la escoba.

Las campanas de San Juan
Din, dan, dan; din dan dan
las campanas de San Juan.
Din, dan, dan; din, dan, dan
tan, talán, talán.
Unas vienen y otras van.
Y no dejan de tocar.
Din, dan, dan.
Tan, talán, talán.

La rana
Cucú, cucú, cantaba la rana
cucú, cucú, debajo del agua
cucú, cucú, pasó un caballero
cucú, cucú, de capa y sombrero
cucú, cucú, pasó una señora
cucú, cucú, con falda de cola
cucú, cucú, pasó una criada
cucú, cucú, llevando ensalada
cucú, cucú, pasó un marinero
cucú, cucú, vendiendo romero
cucú, cucú, le pidió un ramito
cucú, cucú, no le quiso dar;
cucú, cucú, se metió en el agua

cucú, cucú, se echó a nadar.

Pito-Pito
Pito, pito, colorito
¿Dónde vas tu tan bonito?
A la acera verdadera
pim, pom, fuera.

Debajo de un botón, ton, ton
que encontró Martín, tin, tin había un ratón,
ton, ton
ay que chiquitín, tin, tin
ay que chiquitín, tin, tin
era aquel ratón, ton, ton
que encontró Martín, tin, tin
debajo el botón, ton, ton.

Tengo, tengo, tengo.
Tú no tienes nada.
Tengo tres ovejas
en una cabaña.
Una me da leche.
Otra me da lana.
Y otra mantequilla
Toda la semana.

El corro de la patata
Comeremos ensalada
Como comen los señores
Naranjitas y limones
¡Alupé! ¡Alupé!
Sentadita me quedé.

Actividades para P4

P4 Palabras de un poema

Objetivos
- Memorizar un poema.
- Reconocer e identificar algunas palabras determinadas en un poema.

Descripción
Entre todos memorizamos una poesía. La maestra o el maestro escribe el poema en la pizarra ayudada por los niños. Después buscan alguna palabra concreta. Al final, cada niño o niña, en su hoja, donde está impreso el poema, busca e identifica estas palabras.

a) Consigna: Busca y haz un círculo a las palabras...

b) Agrupación: Individual, en gran grupo.

Material
Pizarra, tizas, material de escritura, hojas con el poema escrito.

Observaciones
Esta actividad también se puede hacer con canciones.

P4 Dictado de poesías

Objetivo
Iniciarse en el dictado de poemas conocidos previamente aprendidos.

Descripción
Los niños y niñas dictan el poema al maestro y él lo escribe en la pizarra. El maestro se equivoca expresamente y los niños y niñas tienen que corregirlo. Entre todos acabamos haciendo la composición convencional del poema conocido.

a) Consigna: Dictadme, por orden y poco a poco, el poema que hemos aprendido. Yo lo escribiré en la pizarra. Vigilad que no me equivoque.

b) Agrupación: En gran grupo.

Material
Pizarra, tizas.

Observaciones
Podemos tener el modelo del poema escrito correctamente en una cartulina y después compararlo con el texto que hemos escrito en la pizarra.

La misma actividad se puede realizar con canciones.

P4 Títulos de canciones

Objetivo
Leer, reconocer e identificar el título de alguna canción conocida.

Descripción
Escribimos títulos incompletos de canciones y los niños y niñas tienen que decir lo que falta. Quien quiera escribir la palabra saldrá a la pizarra o se hará siguiendo un orden.

Después cada niño lo escribirá en su hoja.

a) Consigna: Leed el título de esta canción. Mirad si falta alguna palabra y escribidla en la pizarra.

b) Agrupación: Individual, en gran grupo.

Material
Pizarra, tizas, hojas, material de escritura.

Observaciones
Este tipo de actividades también se puede hacer con los títulos de poemas.

Actividades para P5

P5 Lista

Objetivos
- Recordar títulos de poemas aprendidos.
- Reproducir oralmente títulos de poemas aprendidos.

Descripción
La maestra pide a los niños y a las niñas que recuerden todos los poemas que han aprendido. Cuando los hayan dicho, empezamos a escribir sus títulos. Los alumnos dictarán a la maestra y ella los escribirá en la pizarra. La maestra puede copiar los poemas en un mural con rotuladores para tenerlos en clase.

a) Consigna: Recordad todos los poemas aprendidos, y dictadme los títulos para poder escribirlos.

b) Agrupación: Individual, en gran grupo.

Material
Pizarra, tiza, papel grande, rotuladores.

Observaciones
Esta actividad también puede complementarse con la copia de los títulos en una hoja. Otro aspecto sería que copiaran los títulos en un papel grande mientras se van aprendiendo.

También se puede hacer con canciones.

P5 Título de una canción o de un poema

Objetivo
Construir el título de una canción o de un poema.

Descripción

Damos a los niños y a las niñas cartoncitos con las palabras que forman el título de una canción o de un poema. Estos cartoncitos estarán recortados por palabras. Cuando los hayan mirado y leído, tendrán que construir el título con los cartoncitos.

Por ejemplo: *Cinco lobitos.*

a) Consigna: Con estos cartoncitos tenéis que construir el título de la canción *Cinco lobitos.*

b) Agrupación: Por parejas.

Material

Cartoncitos con las palabras que forman el título.

Observaciones

Esta actividad se puede realizar con o sin modelo, según nos parezca mejor. También se puede trabajar con las diferentes agrupaciones.

P5 Títulos

Objetivo

Saber reproducir el título de una canción con letras recortadas.

Descripción

El maestro o maestra da a los niños y a las niñas una caja con letras recortadas de periódicos y revistas, y les pide que compongan el título de una canción.

a) Consigna: Coge las letras necesarias para escribir el título de la canción trabajada y componlo ordenadamente.

b) Agrupación: Individual, en gran grupo.

Material

Letras recortadas de periódicos y revistas, hoja, pegamento, pizarra, tizas.

Observaciones

Para facilitar la actividad, primero podemos escribir el título de la canción colectivamente en la pizarra y después los niños y niñas tendrán que reproducirlo teniendo como modelo lo que hemos escrito en la pizarra.

También podemos decir a los niños que escriban el título individualmente y después ponerlo en común.

Esta actividad también se puede realizar con títulos de poemas o con cualquier otra palabra que queramos componer.

P5 Terminaciones de palabras

Objetivo
Iniciarlos en la búsqueda de palabras que rimen unas con otras.

Descripción
Con algunas palabras de un poema corto, intentar buscar otras que terminen igual. La maestra escribirá las palabras en la pizarra.

a) Consigna: Buscad palabras que terminen igual que...

b) Agrupación: En gran grupo.

Material
Pizarra, tizas.

Observaciones
Después de hacer esta actividad podemos dar a los niños una hoja para escribir la lista de palabras que hemos encontrado entre todos. La maestra dejará la lista en la pizarra como modelo.

Actividades para el primer ciclo de primaria

1er C Cantamos

Objetivos
. Reconocer el título de las canciones.
. Cantar canciones.
. Copiar la canción.

Descripción
Entre todos tenemos que construir un televisor. Un niño o niña hace de presentador y otro de cantante. En una bolsa hay títulos de canciones. El presentador pone la mano en la bolsa y saca un título, lo presenta con mímica y el cantante tiene que adivinar la canción y cantarla.

El cantante copia el título en la pizarra. Después, entre todos, elige una de las canciones cantadas, se copia en la pizarra y hace un dibujo en una hoja.

a) Consigna: Adivina la canción y cántala. Después elegiremos la canción que nos ha gustado más y la escribiremos en una hoja y haremos el dibujo.

b) Agrupación: Individual, en gran grupo.

Material
Un televisor (el armazón), títulos de canciones escritos en cartulinas, bolsa, utensilios de escritura, hojas.

Observaciones

Este televisor lo podemos confeccionar en la clase de plástica y lo podemos utilizar para otras actividades de lenguaje: poemas, hacer una pequeña programación de televisión, entrevistas, telediarios, etc.

1er C Estrofas

Objetivo

Componer un poema ya aprendido basándonos en las estrofas dadas de manera desordenada.

Descripción

Después de trabajar poemas en la clase y aprenderlos de memoria, dar una hoja con las estrofas, de un poema aprendido, escritas de forma desordenada. Tendrán que recortarlas, ordenarlas y pegarlas correctamente.

a) Consignas: Tenéis una hoja con el título de un poema y sus estrofas desordenadas. Tenéis que recortarlas, colocarlas correctamente y pegarlas.

b) Agrupación: Individual, por parejas.

Material

Hoja con el poema desordenado, hoja en blanco, tijeras, pegamento.

Observaciones

Podemos tener el libro de poemas y canciones para hojearlo cuando se termine la actividad y hacer una autocorrección.

Esta propuesta también se puede realizar con una canción conocida.

1er C Poema para completar

Objetivo

Completar un poema o una canción.

Descripción

Dar una hoja con un poema o una canción conocidos, con espacios vacíos. Los niños y las niñas tienen que rellenar estos espacios recordando el poema o la canción de memoria.

a) Consigna: En este poema hay espacios vacíos, vosotros los tenéis que rellenar con las palabras adecuadas.

b) Agrupación: Individual, por parejas.

Material

Hoja con el poema fotocopiado, utensilios para escribir.

Observaciones

Esta actividad nos puede servir para introducir y trabajar las diferentes categorías gramaticales, porque las palabras que se tienen que colocar pueden ser nombres, adjetivos, verbos, etc. También podemos aprovecharlo para descubrir, entre todos, con la ayuda del maestro o de la maestra, qué significan estas palabras, cuándo las utilizamos, etc.

Esta actividad es para segundo de primaria.

También se pude hacer dándoles las palabras que faltan escritas de forma desordenada al lado y que las relacionen.

1er. C Poemas o canciones

Objetivos
- Reescribir un poema o una canción trabajados anteriormente.
- Fijarse en cómo se escribe (ortografía).

Descripción

Cuando se haya trabajado un texto poético en clase y después se haya memorizado (lo han aprendido de memoria, lo han visto muchas veces escrito, ha estado una temporada colgado en la clase, está escrito en el libro de poemas y canciones, etc.), escribirlo en una hoja.

Se tienen que fijar en cómo lo escriben. Después haremos una autocorrección mirando el modelo de la clase.

a) Consigna: Ahora que ya sabes este poema o canción de memoria, escríbelo en una hoja. Después miraréis cómo está escrito con la ayuda del modelo.

b) Agrupación: Individual.

Material
Hoja de papel, utensilios para escribir, modelo de los poemas y de las canciones.

Observaciones

Esta actividad se puede realizar con poemas o canciones aprendidos. Para poder llevarla a cabo, se deben haber trabajado mucho a nivel oral los poemas y las canciones. Se tienen que saber de memoria.

La corrección de la actividad también se puede realizar por parejas, dar el texto a un compañero o compañera y que diga si hay alguna palabra que no ve muy clara y cómo la escribiría. Para hacerlo de esta manera, se debe intentar que las parejas, o el niño, o la niña que lo revisa tenga el mismo nivel o que sea un poco más elevado.

1er.C Dictado de poemas o canciones

Objetivos
- Saber escuchar al compañero o a la compañera.
- Saber escribir lo que dice el compañero o compañera.

Descripción
Un niño o una niña dicta, de memoria, a un compañero o a una compañera un poema o canción y el otro lo tiene que escribir. El niño que dicta puede intervenir en la escritura o no (según el criterio consensuado).

a) Consigna: Haremos un dictado por parejas. Un niño o niña dictará un poema que sepa de memoria y el otro lo escribirá.

b) Agrupación: Por parejas.

Material
Hoja, lápiz.

Observaciones
Esta actividad es bastante interesante, porque no es lo mismo que dicte la maestra a que lo haga un niño.

1er.C Poema o canción pegada

Objetivo
Saber realizar la separación de palabras.

Descripción
La maestra dará a los niños una canción o un poema conocido con las palabras pegadas y ellos tendrán que separarlas, primero marcándolas con una raya y después volverán a escribirlo bien.

a) Consigna: Mirad este poema, ¿veis lo que les ha pasado a las palabras?, se han pegado y ahora vosotros las tenéis que despegar con una raya entre palabra y palabra.

Después lo tenéis que escribir bien.

b) Agrupación: Individual, por parejas.

Material
Fotocopia del poema con las palabras pegadas, utensilios para escribir.

Observaciones
Esta actividad se debe trabajar antes colectivamente.

1er C Pequeño poema inventado

Objetivos
- Conocer textos poéticos.
- Inventarse un pequeño poema.

Descripción
Después de trabajar los poemas en clase, pensar cómo se escriben. Recordamos los que saben, cómo son, cómo los hacen, qué características tienen, etc.

La maestra anima a los niños a que inventen un poema.

Entre todos elegimos el tema que queremos que trate nuestro poema, pensamos palabras que hagan referencia a este tema, algunas deben tener la misma terminación. La maestra escribirá las ideas que aparezcan en la pizarra y leerá las palabras, y después inventaremos el poema y lo iremos escribiendo en la pizarra.

Después lo copiaremos en una hoja.

a) Consigna: Entre todos nos inventaremos un poema, primero pensaremos el título o el tema que queremos que trate, después buscaremos palabras que tengan el mismo sonido al final y las escribiremos en un papel. Estas palabras, las utilizaremos para inventarnos el poema.

Todas las palabras que digáis no tienen que tener necesariamente la misma terminación.

b) Agrupación: Individual, en gran grupo.

Material
Pizarra, tiza, hoja para copiar el poema inventado.

Observaciones
Para realizar esta actividad, la clase debe haber trabajado muchos poemas oralmente.

Sería mejor que antes de empezar, se buscaran poemas hechos por otros niños y niñas como ellos, de la misma edad, para que se tranquilizasen y vieran que no es tan difícil como parece.

1er C Libro con poemas inventados

Objetivos
- Hacer un libro con los poemas inventados.
- Recitar algún poema.

Descripción
Después de revisar los poemas que se hayan inventado, sea individualmente, por parejas o en grupo, hacer una recopilación y elaborar un libro. Cuando se pasen a limpio los poemas, podemos utilizar el ordenador y hacer un dibujo.

a) Consigna: El poema que os habéis inventado, lo pasaremos a ordenador y haremos un dibujo, después los recogeremos todos y haremos un libro.

b) Agrupación: Individual, por parejas.

Material
Ordenador, hojas de colores, utensilios para pintar.

Observaciones
Se hará un libro para cada niño y niña y otro para la biblioteca de la clase.

Cuando se haya terminado esta actividad, se podría recitar algún poema inventado en otras clases de la escuela.

1er.C Caligrama

Objetivo
Familiarizarse con los caligramas.

Descripción
Enseñaremos a los alumnos, utilizando caligramas, otra manera de escribir poemas. Buscaremos un caligrama sencillo, ejemplo Gerardo Diego, y lo repartiremos a los alumnos.

Comentaremos a los alumnos que el caligrama evoca de manera visual un objeto o un tema que hace alusión al poema.

a) Consigna: Mirad cómo está escrito este poema, las palabras dibujan lo que nos quiere decir.

b) Agrupación: En gran grupo.

Material
Hoja con la fotocopia del caligrama.

Observaciones
Según el nivel con el que se realice esta actividad, se pueden dar a las alumnas y a los alumnos más de un caligrama. Cuando se haya comentado el primero, entre todos descubriremos qué nos quieren decir los otros caligramas de la hoja.

1er.C Hacemos un caligrama

Objetivo
Confeccionar un caligrama, dando el poema y el dibujo.

Descripción
Daremos una hoja con un dibujo y el poema escrito al lado, las alumnas y los alumnos tendrán que escribir el poema al lado de la silueta del dibujo.

a) Consigna: Tenemos que escribir este poema alrededor del dibujo empezando por el sitio indicado. Procurad copiar bien todas las palabras.

b) Agrupación: Individual.

Material
Hoja con el dibujo y el poema fotocopiados, utensilios para escribir.

Observaciones
Esta actividad es más adecuada para primero de primaria.

También se puede realizar, más adelante, con un poema conocido. Los niños y las niñas pueden pensar cómo pueden transformar aquel poema en un caligrama.

En segundo de primaria se puede probar de hacer un caligrama con un poema inventado por los alumnos.

Correspondencia: cartas y postales

¿Qué saben los niños y las niñas de...?

Los niños y las niñas, en general, ven pocas cartas y postales, como máximo las del banco o de la caja; posiblemente por Navidad alguna felicitación... Lo que sí tienen claro es la carta a los Reyes. Esto hace que los niños y las niñas conozcan poco la estructura de una carta y/o postal.

¿Cómo debemos presentar y trabajar...?

A los niños y las niñas les gusta escribir cartas, y mucho más recibirlas.

Después de proponer a las niñas y a los niños escribir una carta, deben aprender cómo se escribe, qué queremos decir, qué partes debe tener, cómo lo podemos hacer y qué necesitamos.

Puede ser una carta colectiva, de toda la clase, y cada niño y niña escribe un trozo (en la pizarra).

Es importante que las alumnas y los alumnos sigan todo el proceso:

- Pensar qué quieren escribir.
- Hacer un borrador.
- Leer y revisar qué hemos escrito.
- Rectificar aquello que sea necesario.
- Escribir la carta definitiva.

Para los alumnos y las alumnas que presentan alguna dificultad y que todavía no han aprendido a leer y a escribir convencionalmente, es un tipo de trabajo motivador porque el esfuerzo de escribir tiene una compensación: recibir una carta; y el esfuerzo de leer, también: saber qué nos dicen.

Podemos hacer correspondencia dentro del aula, tener un buzón para las cartas, o para las sugerencias de la clase.

Actividades para P4

P4 Miramos postales y/o felicitaciones

Objetivo
Familiarizarse con las cartas, las postales y las felicitaciones.

Descripción

Presentaremos a las alumnas y a los alumnos una caja donde haya diferentes tipos de cartas y postales. Dejaremos la caja al alcance de los niños para que se los vayan mirando. Después comentaremos, todos juntos, qué son, para qué sirven... Veremos la diferencia que hay entre las cartas y las postales...

a) Consigna: Mirad qué hay dentro de esta caja, ¿sabéis qué son? Explicadme todo lo que sabéis sobre lo que hay en la caja.

b) Agrupación: En gran grupo.

Material

Caja con cartas, postales, felicitaciones.

Observaciones

Esta actividad se puede realizar con una sesión o más, según lo que se crea conveniente.

P4 Felicitación de Navidad

Objetivos

. Escribir una felicitación de Navidad dirigida a la madre y al padre.
. Entender la finalidad de la escritura (nos sirve para comunicarnos).

Descripción

Cuando se acerca la Navidad comentamos a los alumnos la costumbre que tenemos de felicitar a los amigos y a los parientes. Decidimos hacer una felicitación dirigida a los padres y a las madres. Pensamos, todos juntos, alguna palabra fácil de escribir para reproducirla individualmente, como por ejemplo: «Feliz Navidad». La escribimos en la pizarra entre todos y después la copian en las tarjetas.

a) Consigna: Pensaremos unas palabras para felicitar la Navidad a vuestros padres y madres, después escribiremos estas palabras en una felicitación y la enviaremos.

b) Agrupación: Individual, en gran grupo.

Material

Tarjetas de cartulinas de colores, material de escritura, sobres, sellos.

Observaciones

Esta actividad se puede hacer extensiva en otras ocasiones para felicitar cumpleaños, santos, etc.

También se puede aplicar a otros cursos.

Actividad para P5

P5 Carta a los niños y niñas de otra escuela

Objetivo
Iniciarse en la escritura de una carta.

Descripción
Se motiva a los niños para que escriban una carta a otra escuela, por ejemplo: a los niños y niñas del mismo nivel. La carta se hará entre todos. La maestra escribirá en la pizarra lo que vayan diciendo. La leeremos y decidiremos, entre todos, la definitiva. Después la copiaremos en una hoja.

a) Consigna: Ahora escribiremos una carta para..., a ver si me decís cosas que os gustaría explicarles, yo las iré escribiendo. Primero recordemos la estructura que deberá tener. Miremos algún modelo.

b) Agrupación: En gran grupo.

Material
Pizarra, tiza, papel, lápiz, modelos de cartas.

Observaciones
Es básico que antes de escribir la carta piensen qué quieren decir. Mientras la hacemos recordaremos, utilizando los modelos, qué debemos poner: lugar, fecha, saludo, texto, despedida y firma.

Podemos escribirnos cartas, a otra clase, etc.

Actividades para el primer ciclo de primaria

1er C Las cartas[22]

Objetivo
Observar todos los tipos de cartas que se reciben en las casas.

Descripción
Los alumnos y las alumnas deben traer en el aula tipos de cartas (sobres incluidos): personales, comerciales, felicitaciones de Navidad, postales, sobres de bancos y/o cajas, participaciones de bodas, etc.

Después se clasificarán en diferentes cajas según su contenido, es decir: cartas comerciales, postales, etc.

Se comentará qué tienen en común todas ellas (nombre de la localidad, fecha, saludo, despedida, firma, etc.) y la maestra o el maestro lo escribirá en la pizarra.

a) Consigna: De todas estas cartas que habéis traído, agrupad las que se parecen. ¿Qué tienen igual?

b) Agrupación: En pequeño grupo.

Material
Cartas de todo tipo (personales, bancarias, de propaganda, etc.), postales, felicitaciones, cajas de cartón.

Observaciones
Esta actividad les motiva para que las madres y los padres colaboren en la búsqueda de este material.

1er.C La carta (I)[23]

Objetivo
Conocer compañeros y compañeras de otra escuela utilizando la correspondencia.

Descripción
La maestra propondrá al alumnado que escriba a niñas y a niños que viven en el mismo pueblo para conocerles.

Primero pensaremos qué les queremos decir, explicar o preguntar, y empezarán a aparecer muchas ideas que la maestra escribirá en la pizarra.

En un papel de embalaje grande empezaremos a escribir colectivamente la carta. Primero lo hará la maestra escribiendo el lugar y la fecha, después los niños y niñas participarán en la escritura del texto.

Cada idea que haya aparecido, la escribirá un alumno distinto con la ayuda de los otros, hasta llegar al punto; entonces se cambiará de niño.

La maestra tiene que conducir a la reflexión de cómo lo podemos decir y no cómo lo tenemos que escribir.

El texto estará lleno de anotaciones, flechas, palabras poco entendedoras, etc. Entonces debemos plantear: «¿Qué tenemos que hacer?» (ver la próxima actividad).

a) Consigna: Hoy escribiremos una carta de verdad a los compañeros y compañeras de otra escuela.

b) Agrupación: Individual, en gran grupo.

Material
Tiza, pizarra, papel grande, rotuladores.

Observaciones
Esta actividad debemos hacerla en cuatro o cinco sesiones.

1er C La carta (II): Escribir una carta de verdad[24]

Objetivo
Conocer compañeras y compañeros de otra escuela utilizando la correspondencia.

Descripción
Después de recoger las propuestas que ha hecho el alumnado tras la pregunta «¿Qué tenemos que hacer?», se escribirá la carta en limpio en una hoja para enviarla.

a) Consigna: Con esta carta escrita en este mural, ¿qué podemos hacer? Ahora escribidla en una hoja.

b) Agrupación: Individual, en gran grupo.

Material
Carta que previamente se habrá escrito en un papel grande, hoja en blanco, bolígrafo.

Observaciones
Esta actividad es la continuación de la anterior.

1er C La carta (III): El sobre[25]

Objetivo
Analizar las partes de un sobre y ver su utilidad.

Descripción
Dibujaremos un sobre, por delante y por detrás, en la pizarra y rellenaremos las partes:

- Nombre.
- Dirección.
- Localidad, código postal.
- Provincia.

Cada grupo tendrá una caja donde habrá modelos de sobres.

a) Consigna: Ahora escribiremos este sobre, que he dibujado en la pizarra, la dirección de nuestros compañeros y compañeras, y en el remite escribiremos la nuestra.

b) Agrupación: En un pequeño grupo, en gran grupo.

Material
Tizas, pizarra, cajas con modelos de sobres de cartas.

Observaciones
Utilizando los modelos de sobres que tendrán los alumnos y las alumnas, deducirán la escritura de un sobre: nombre, dirección, población, sello, etc.

1er C La carta (IV): Escribir un sobre de verdad[26]

Objetivo
Enviar la carta.

Descripción
Un niño o una niña escribirá el sobre. Todos irán al buzón más cercano con la finalidad de enviar la carta.

a) Consigna: Aquí tenéis este sobre que escribirá uno de vosotros. Después iremos a correos y enviaremos la carta.

b) Agrupación: Individual, en gran grupo.

Material
Sobre, carta escrita, sello, bolígrafo.

Observaciones
Debemos hacer una fotocopia del sobre y del contenido de la carta para recordar qué hemos escrito a los compañeros y compañeras, y para contar cuántos días tardan en contestar, etc.

1er C La carta (V): Recibir una carta de verdad

Objetivo
Interesarse por la lectura y el contenido de una carta de verdad.

Descripción
Con motivo de la respuesta «de una carta de verdad» dirigida a los niños y niñas de la clase, el grupo clase en seguida quiere saber quién la envía y qué pone.

La maestra leerá la carta una o dos veces y se comentará el contenido.

Después la enseñará por grupos pequeños para que la puedan observar mejor (tipo de letra, nombres de los niños, dibujos, etc.). También se observará el sobre haciendo referencia a la dirección y al remite.

a) Consigna: Hemos recibido una carta para la clase, ¿queréis que os la lea?

b) Agrupación: En pequeño grupo, en gran grupo.

Material
Carta de verdad.

Observaciones
Los niños se muestran muy motivados cuando reciben una carta dirigida a ellos. Debe aprovecharse este interés para suscitar la posterior escritura de una carta.

En la próxima sesión la maestra debe hacer fotocopias de la carta original para que las alumnas y los alumnos la guarden como recuerdo y, al mismo tiempo, se realizará la lectura individual de la carta.

Esta actividad abre camino para iniciar la escritura individual de una carta dirigida a los padres y madres, amigos y amigas, primos y primas, etc.

1er C Lectura de una carta

Objetivo
Lectura y análisis de una carta.

Descripción
Debido a que una maestra del ciclo o alguien conocido del colegio está enfermo o está fuera, escribe una carta a las alumnas y a los alumnos.

La maestra la lee delante de toda la clase y después se comentará su contenido entre todos.

A continuación, haremos referencia a la estructura y a las formas lingüísticas de la carta. Haremos lo mismo con el sobre.

a) Consigna: Mirad, hoy tenemos una carta sorpresa, ..., que está (enferma, de viaje...), nos ha escrito una carta y ahora la leeremos.

b) Agrupación: Individual, en gran grupo.

Material
Carta, sobre, fotocopia del original de la carta recibida.

Observaciones
Primero la leerá la maestra delante de todo el grupo clase y después cada niño lo hará individualmente.

1er C Escribimos a la casa de colonias

Objetivo
Potenciar la escritura de una carta.

Descripción
Escribir a la casa de colonias a la que queremos ir para comunicarles las actividades que nos gustarían hacer durante nuestra estancia. Elegiremos entre las distintas posibilidades que haya para elegir.

La maestra leerá todas las actividades y las escribirá en la pizarra. Posteriormente el grupo clase elegirá algunas según sus intereses.

Después, todos escribirán la carta en la pizarra aplicando su estructura.

Al final, la copiarán por parejas en la hoja y una se enviará a la casa de colonias.

a) Consigna: Los señores de la casa de colonias nos piden qué actividades queremos hacer durante nuestra estancia.

Entre todos escribiremos la carta en la pizarra recordando las actividades que queremos hacer. Por parejas la copiaréis y enviaremos una.

b) Agrupación: Por parejas, en gran grupo.

Material
Lista de actividades de la casa de colonias, pizarra, tiza, hojas, sobre, sello.

Observaciones
Esta actividad puede servir de modelo para hacer otras, como la carta a los Reyes.

1er.C Leemos postales y felicitaciones

Objetivo
Suscitar el interés de leer postales y felicitaciones.

Descripción
Distribuiremos por grupos las felicitaciones y las postales que hemos guardado en la caja y se observarán.
Cada grupo leerá en voz alta la felicitación o la postal que le guste más y la maestra la escribirá en la pizarra.
Cuando estén escritas en la pizarra (cuatro o cinco), se comentará con el grupo clase qué debemos escribir siempre en una felicitación y/o postal (tiene que constar la fecha, saludo, texto, firma, dirección, etc.).
a) Consigna: De todas estas felicitaciones y postales que os he dado, elegid cuatro o cinco y leed en voz alta la que os haya gustado más.
Estas felicitaciones y postales que he escrito en la pizarra, ¿qué tienen todas de igual?
b) Agrupación: En pequeño grupo, en gran grupo.

Material
Caja donde hay todo tipo de felicitaciones y postales, pizarra, tiza.

Observaciones
Esta actividad les motiva porque se ven capaces de escribir felicitaciones a seres queridos.

1er.C Postal y/o felicitación utilizando un modelo

Objetivo
Saber escribir una felicitación y/o una postal.

Descripción
Cuando se haya hablado a nivel de grupo clase sobre qué debemos recordar cuando escribimos una felicitación o una postal, cada escolar copiará en la pizarra la felicitación o la postal que le haya gustado más.

a) Consigna: De todas estas felicitaciones y postales que he escrito en la pizarra, copiad una en una hoja.

b) Agrupación: Individual, en gran grupo.

Material
Pizarra, tiza, hojas, lápiz.

Observaciones
La carta que quede escrita, sería interesante que se llevara a casa para leerla a los padres y a las madres.

1er C Escribimos una postal

Objetivo
Escribir una postal

Descripción
Sería necesario que cada escolar trajera una postal sin escribir de casa o que la maestra comprara una postal para cada escolar.

Todos juntos recordaremos las partes que debe tener una postal y se escribirán en la pizarra:

1. Lugar y fecha.	5. Firma.
2. Saludo.	6. Sello.
3. Texto	7. Nombre del destinatario.
4. Despedida.	8. Dirección del destinatario.

a) Consigna: Escribe una postal a un amigo o a una amiga de tu clase.

b) Agrupación: Individual, en gran grupo.

Material
Una postal, pizarra, tiza, bolígrafo, sello.

Observaciones
Esta actividad sirve para saber las direcciones de los alumnos y las alumnas de la clase. Antes, cada niño debe escribir su dirección en una hoja a parte. La maestra revisará los textos.

1er.C Una postal desde la casa de colonias

Objetivo
Escribid una postal desde la casa de colonias.

Descripción
Todas estas actividades realizadas anteriormente servirán para que cada escolar escriba su propia postal desde la casa de colonias. Irá dirigida a sus padres y madres.

a) Consigna: Aquí tenéis una postal de la casa de colonias, escribid lo que queráis a vuestros padres y madres. Pero antes lo escribís en esta hoja y, después de enseñármelo, lo copiaréis en la postal. ¡Ah! no olvidéis escribid vuestra dirección.

b) Agrupación: Individual, por parejas.

Material
Postal, lápiz, hoja, bolígrafo, sello.

Observaciones
Es una actividad muy divertida.

Notas

1. Adaptación del libro: ROCA, N. (1990): *Ensenyament i aprenentatge de l'escriptura de nens i nenes amb necessitats educatives especials.* Barcelona. ICE. Universitat de Barcelona.
2. Adaptación del libro: TEBEROSKY, A.; CARDOSO, B. (1993): *Psicopedagogia del llenguatge escrit.* Barcelona. IME.
3. Adaptación del libro: FERREIRO, E.; GÓMEZ, M. (1991): *Nuevas perspectivas sobre los procesos de lectura y escritura.* México. Siglo XXI.
4. Vid. n. 3
5. Adaptación del libro: JULIÀ, T. (1995): *Encetar l'escriure.* Barcelona. Rosa Sensat.
6. Adaptación del libro: RECASENS, M. (1990): *Lector, núm. 9.* Barcelona. Edicions Nadal.
7. Adaptación del libro: RECASENS, M. (1990): *Lector, núm. 1.* Barcelona. Edicions Nadal.
8. Adaptación del libro: RECASENS, M. (1990): *Lector, núm. 10.* Barcelona. Edicions Nadal.
9. Adaptación del libro: RECASENS, M. (1990): *Lector, núm. 4.* Barcelona. Edicions Nadal.
10. Vid. n. 5
11. Vid. n. 5
12. Adaptación del libro: COLOMER, R. (1990): *Quadernet de llengua. Comprensió lectora.* Barcelona. Espiral.
13. Vid. n. 12
14. Vid. n. 12
15. Vid. n. 5
16. Adaptación del libro: TEBEROSKY, A. (1991): *Psicopedagogia del llenguatge escrit.* Barcelona. IME.
17. Vid. n. 16
18. Vid. n. 1
19. Dicho extraído del libro: CORREIG, M.; CUGAT, L.; RIUS, M.D. (1984): *Una capseta blanca que s'obre i no es tanca.* Barcelona. Graó.
20. Vid. n. 19
21. Vid. n. 19
22. Vid. n. 1
23. Vid. n. 5
24. Vid. n. 5
25. Vid. n. 5
26. Vid. n. 5

Bibliografía

ANTÚNEZ, S.; GAIRÍN, J. (1993): *Organització de centres.* Barcelona. Graó.

ANTÚNEZ, S. (1996): *Sistemes organitzatius per atendre la diversitat. Curs de postgrau d'especialista en el tractament psicopedagògic de la diversitat escolar.* Universitat Autònoma de Barcelona.

«Aprenentatge de la lectura-escriptura». Monográfico de *Guix,* 219, enero de 1996.

ARMANGUÉ, R. (1973): *Educació preescolar, primera etapa.* Barcelona. S.A. Casals.

BADIA, D. y otros (1985): *Contes per fer i refer.* Barcelona. Graó.

BENET, I. y otros (1992): *La Nau. Primer.* Barcelona. Vicens Vives.

BONALS, J. (1998): «Propostes d'activitats a l'inici de l'aprenentatge de la lectura i l'escriptura». *Guix,* 133.

BONALS, J. (1991): *Com treballem la lectoescriptura.* Barcelona: PPU.

CAMPILLO, E.; DÍEZ de ULZURRUN, A. y otros (1996): «Acolliment de l'alumnat. Organització d'aula a segon cicle d'educació infantil». *MAG-Guix* Tutoría, 219.

CAMPS, A. (1994): *L'ensenyament de la composició escrita.* Barcelona. Barcanova.

CAPDEVILA, R.; OLLÉ, M.A. (1994): *La Ratona.* Barcelona. La Galera.

CASSANY, D. (1993): *Reparar la escritura.* Barcelona. Graó.

CASTELLÓ, M. (1991): «Adequacions de l'entorn a les necessitats educatives dels alumnes. Organització a l'aula». *Guix,* 164.

CASTELLÓ, M.; CAMPS, A. (1996): «Las estrategias de enseñanza-aprendizaje en la escritura», en MONEREO, C. (coord.): *El asesoramiento psicopedagógico: Una perspectiva profesional y constructivista.* Madrid. Alianza (Psicología).

COLOMER, R. (1990): *Quadernet de llengua. Comprensió lectora, 3.* Barcelona. Espiral.

COLL, C. y otros (1993): *El constructivismo en el aula.* Barcelona. Graó.

CORREIG, M.; CUGAT, L.; RIUS, M.D. (1984): *Una capseta blanca que s'obre i no es tanca.* Barcelona. Graó.

DÍEZ de ULZURRUN, A.; MASEGOSA, A. (1996): *La dinàmica de grups en l'acció tutorial.* Barcelona. Graó.

«Estrategies d'aprenentatge en llengua». Monográfico de *Guix,* 231, enero de 1997.

DUVAL, G. (1997): *Refranero temático español.* Madrid ediciones del Prado.

FERREIRO, E.; TEBEROSKY, A. (1979): *Los sistemas de escritura en el desarrollo del niño.* México. Siglo XXI.

FERREIRO, E.; GÓMEZ, M. (1991): *Nuevas perspectivas sobre los procesos de lectura y escritura.* México. Siglo XXI.

JORBA, J.; SANMARTÍ, N. (1993): «La función pedagógica de la evaluación». *Aula,* 20.

JULIÀ, T. (1995): *Encetar l'escriure.* Barcelona. Rosa Sensat.

MARUNY, L.; MUÑOZ, E. (1993): *Educar en la diversitat. Un projecte social i cultural.* Barcelona. ICE.

MONEREO, C. (1990): «Elaboración de proyectos de centro basados en la diversidad escolar». *Revista interuniversitaria de Formación del Profesorado,* 7.

MONEREO, C. (coord.); CASTELLÓ, M. y otros (1994): *Estrategias de enseñanza y aprendizaje.* Barcelona. Graó.

NISBET, J.; SHUCKSMITH, J. (1987): *Estrategias de aprendizaje.* Madrid. Santillana.

ONRUBIA, J. (1993): «Enseñar: Crear zonas de desarrollo próximo e intervenir en ellas», en Coll, C.; Martín, E.; Miras, M.; Mauri, T.; Onrubia, J.; Solé, I.; Zabala, A.: *El constructivismo en el aula.* Barcelona. Graó.

ONRUBIA, J. (1995): *Medició i construcció de significats en la interacció professor/alumne. Curs de postgrau d'especialista en el tractament psicopedagògic de la diversitat escolar.* Bellaterra (Barcelona). Universitat Autònoma de Barcelona.

PESO, M.T.; VILARRUBIAS, P. (1989): «La enseñanza y aprendizaje de la lengua escrita». *Cuadernos de pedagogía,* 171.

PUJADOR, R.; PUJOL, A. (1973): *Guía didáctica maternal, locomotora.* Barcelona. S.A. Casals.

PUJOL, M.A.; ROIG, T. (1995): *Recull de poemes per a petits i grans.* Barcelona. Rosa Sensat. Kairos.

RAMÍREZ, T. (1990): *Cuentos, canciones y adivinanzas infantiles.* Edicomunicación, S.A.

RECASENS, M. (1990): *Lector, núm. 1, 4, 9 i 10.* Barcelona. Nadal.

RENÉ, A.; GOSCINNY-UDERZO (1991): *Llibre de postals. Quan ho celebrem?* Barcelona. Timun Mas.

ROCA, N. (1990): *Ensenyament i aprenentatge de l'escriptura de nens i nenes amb necessitats educatives especials.* Barcelona. ICE.

ROCA, N. (1992): «Desarrollo del aprendizaje de la escritura en alumnos y alumnas discapacitados». *Comunicación, lenguaje y educación,* 16, pp. 61-82.

SOLÉ, I. (1992): *Estrategias de lectura.* Barcelona. Graó. ICE.

TEBEROSKY, A.; CARDOSO, B. (1988): *Psicopedagogia del llenguatge escrit. Documents de classe.* Barcelona. IME.

TEBEROSKY, A. (1989): *Didáctica e intervención en el aula de lenguaje escrito. V Simposio de Escuela de Logopedia y Psicología del Lenguaje.*

TEBEROSKY, A. (1989): «Los conocimientos previos del niño sobre el lenguaje escrito y su incorporación al aprendizaje escolar del ciclo inicial». *Revista de educación,* 288, pp.161-183.

TEBEROSKY, A. (1991): *Psicopedagogia del llenguatge escrit.* Barcelona. IME.

TEBEROSKY, A. (1993): *Aprendiendo a escribir.* Barcelona. ICE-Horsori.

TOLCHINSKY, L. (1993): *Aprendizaje del lenguaje escrito.* Barcelona. Anthropos.

TORRENS, R. y otros (1995): *El cançoner màgic. 2.* Barcelona. Salvatella.

VIGOTSKI, L.S. (1979): *El desarrollo de los procesos psicológicos superiores.* Barcelona. Crítica.

VILÀ, M.; VILÀ, N. (1990): «Aprendre a escriure». *Guix,* 147.

VILÀ, M.; VILÀ, N. (1990): «Aprendre a escriure». *Guix,* 149.

WELLS, G. (1990): «Condiciones para una alfabetización total». *Cuadernos de pedagogía,* 179.